La Batalla de los Intelectuales

Alfonso Sastre

Sastre, Alfonso
   La batalla de los intelectuales : o nuevo discurso de las armas y las letras - 1a ed. - Buenos Aires :
Consejo Latinoamericano de Ciencias Sociales - CLACSO, 2005.
   208 p. ; 20x14 cm. (Biblioteca de Ciencias Sociales dirigida por Atilio A. Boron)

   ISBN 987-1183-17-8

   1. Ensayo I. Título
   CDD A864

Otros descriptores asignados por la Biblioteca Virtual de CLACSO:
Teoría Política - Intelectuales - Artistas - Militarismo - Sociedad - Cultura - Utopía

Colección Biblioteca de Ciencias Sociales

La Batalla de los Intelectuales
O Nuevo Discurso de las Armas y las Letras

Alfonso Sastre

Consejo Latinoamericano de Ciencias Sociales  **CLACSO** **Conselho Latino-americano de Ciências Sociais**

Colección Biblioteca de Ciencias Sociales

DIRECTOR FUNDADOR: MARIO R. DOS SANTOS (IN MEMORIAM)
DIRECTOR DE LA COLECCIÓN: ATILIO A. BORON
SECRETARIO EJECUTIVO DE CLACSO

PROGRAMA DE PUBLICACIONES: ÁREA DE DIFUSIÓN DE CLACSO
COORDINADOR: JORGE A. FRAGA
EDICIÓN: FLORENCIA ENGHEL
REVISIÓN DE PRUEBAS: MARIANA ENGHEL / IVANA BRIGHENTI
DISEÑO EDITORIAL: MIGUEL A. SANTÁNGELO / LORENA TAIBO
MARCELO GIARDINO
LOGÍSTICA Y DISTRIBUCIÓN: MARCELO F. RODRIGUEZ / SEBASTIÁN AMENTA
DANIEL ARANDA

IMPRESIÓN: GRÁFICAS Y SERVICIOS S.R.L.

ARTE DE TAPA: MIGUEL A. SANTÁNGELO

PRIMERA EDICIÓN: EDITORIAL DE CIENCIAS SOCIALES, LA HABANA, 2003
(SEGUNDA EDICIÓN: 2004)
PRIMERA EDICIÓN: HIRU ARGITALETXEA, HONDARRIBIA, 2004

© ALFONSO SASTRE

PRIMERA EDICIÓN DE CLACSO
LA BATALLA DE LOS INTELECTUALES
BUENOS AIRES: CLACSO, MAYO DE 2005

CLACSO
Consejo Latinoamericano de Ciencias Sociales
Conselho Latino-americano de Ciências Sociais
Av. Callao 875, piso 3° C1023AAB Ciudad de Buenos Aires, Argentina
Tel.: (54-11) 4811-6588 / 4814-2301 - Fax: (54-11) 4812-8459
e-mail: clacso@clacso.edu.ar - http://www.clacso.org

ISBN 987-1183-17-8
© *Consejo Latinoamericano de Ciencias Sociales*
Queda hecho el depósito que establece la ley 11.723.

No se permite la reproducción total o parcial de este libro, ni su almacenamiento en un sistema informático, ni su transmisión en cualquier forma o por cualquier medio electrónico, mecánico, fotocopia u otros métodos, sin el permiso previo del editor.

La responsabilidad por las opiniones expresadas en los libros, artículos, estudios y otras colaboraciones incumbe exclusivamente a los autores firmantes, y su publicación no necesariamente refleja los puntos de vista de la Secretaría Ejecutiva de CLACSO.

Índice

Alfonso Sastre y la batalla de ideas
Atilio A. Boron | 9

Nota para la edición cubana | 29

Nota para la primera edición | 33

Comentario del autor de este libro | 35

Los intelectuales y la utopía
(Diálogo con mi sombra) | 37

Los intelectuales y la práctica | 83

Implicaciones

Sobre la Ley del Talión I | 141

Sobre la Ley del Talión II | 144

Palabras para la paz | 146

Consummatum est!, o ¿la democracia para qué?	148
¿Proceso a los intelectuales?	151
Iraq bajo el talón de hierro	154
¿El fin de una ilusión?	156
Sastre recoge el Premio Max de Honor en Vigo	158
Carta abierta (y fraterna) a Juan Goytisolo	159
En estado de alarma (artículo que quisiera ser algo más)	161
La noción de "entorno" y la abolición de la amistad	163

Epílogo

Carta a Alfonso Sastre Pascual Serrano	171
Pero ¿qué pasa con los intelectuales? (Para mi amigo Pascual Serrano) Alfonso Sastre	175
Una reflexión necesaria Pascual Serrano	179
Carta a Alfonso Sastre y a Pascual Serrano Octavio Rodríguez Araujo	181
La cobardía de los intelectuales Carlo Frabetti	182
Los intelectuales y la apatía Santiago Alba Rico	185

ALFONSO SASTRE
Y LA BATALLA DE IDEAS
ATILIO A. BORON

EL PRESENTE TRABAJO de Alfonso Sastre aborda una temática fundamental de nuestro tiempo: los intelectuales y su función política en la sociedad capitalista. Y lo hace con la agudeza, valentía y radicalidad que demandan las gravísimas circunstancias del presente y, como no podía ser de otra manera, las que brotan de la particularidad de la situación española y la problemática del País Vasco. Se trata de un libro que se sitúa en el centro de una de las batallas estratégicas de nuestro tiempo: la batalla de ideas, el combate fundamental por la construcción de una contrahegemonía cultural y política que le permita a la humanidad salir finalmente de la caverna de la prehistoria a la cual la condena el reinado del capital.

La publicación de este libro, tanto en España como en Cuba, dio origen a una apasionada polémica que, sin dudas, habrá de acrecentarse con la aparición de la actual edición, que recoge algunas de las intervenciones suscitadas por la obra de Sastre y que aspiramos logre circular profusamente por toda América Latina. La perspicacia de su autor –uno de los grandes dramaturgos del siglo XX, nacido en España, habitante de Euskadi y hombre genuinamente universal– unida a su talento argumentativo y a la contundencia y solidez de sus razonamientos han convertido a *La Batalla de los Intelectuales. O Nuevo Discurso de las Armas y las Letras* en un texto indispensable para el pensamiento crítico contemporáneo y los grandes desafíos que lo acosan. Su minuciosa demolición de las ideas "políticamente correctas" y del intelectual "bienpensante" constituye un poderoso revulsivo que corroe implacablemente las ideas dominantes de nuestro tiempo. Como el autor lo explica en el comentario que precede al libro, de lo que se trata es de formular una crítica a la filosofía que "mete en el mismo saco la violencia con la que el mismo Don Quijote libera a los presos y la que conduce a esos mismos presos 'contra su voluntad' al horrible martirio de las galeras" (p. 36). Esta actitud, equidistante sólo en apariencias, remata en la glorificación del orden social existente y en la resignada –o gozosa, en algunos casos– aceptación de la injusticia sobre la cual dicho orden se funda. El propósito del libro es examinar las causas y las consecuencias de la migración hacia la derecha de vastos contingentes de intelectuales que se colocan al servicio de "los postulados reaccionarios del poder capitalista en su fase actual" (p. 29), desandando precipitadamente una trayectoria que Julien Benda observara consternado en los años posteriores a la Primera Guerra Mundial cuando denunciara la "traición de los intelectuales" que se declaraban partidarios del socialismo consumando, de ese modo, una inexplicable traición a la sociedad capitalista que les prodigaba los honores y las libertades necesarias para su misión (Benda, 1975). El itinerario actual se mueve en sentido contrario, entre cantos e himnos que celebran la muerte del marxismo y el agotamiento de todo pensamiento crítico –es decir, cualquier pensamiento que desafíe las verdades establecidas por las clases dominantes– a la par que, en un curioso contrasentido, los celebrantes persiguen y atacan al presunto difunto con el ensañamiento del que sólo son merecedores los vivos.

Las consecuencias de esta masiva defección de los intelectuales de su función crítica exceden con creces el ámbito meramente literario o humanístico e impregnan a la sociedad en su conjunto. Por eso resulta singularmente relevante para una entidad como el Consejo Latinoamericano de Ciencias Sociales dar a conocer la obra del dramaturgo español. ¿Por qué? Porque si algo refleja la crisis profunda del saber convencional de las ciencias sociales –pautado a imagen y semejanza de la academia norteamericana, habida cuenta de la lamentable capitulación del pensamiento social europeo a partir de la segunda posguerra– es precisamente su incapacidad para abordar los principales problemas del mundo actual, desde la injusticia social hasta la destrucción del medio ambiente; desde el holocausto social generado por el neoliberalismo y el "pensamiento único" hasta la crisis de los intelectuales y los dispositivos de manipulación de la conciencia pública de que disponen los nuevos "mandarines" de la cultura. Prueba concluyente de esta crisis es el hecho de que no hayan sido sociólogos, antropólogos, historiadores o politólogos sino "intelectuales renacentistas", como Noam Chomsky, o figuras marginalizadas de la academia estadounidense, como Russell Jacoby, quienes tuvieran la osadía de plantear estos problemas en el mundo desarrollado (*Cfr.* Chomsky, 1969; Jacoby, 2000). En el mundo hispanohablante no es para nada casual que hayan sido dramaturgos, como Sastre, y poetas, como Fernández Retamar, quienes en los últimos años hayan planteado con mayor profundidad y elocuencia los alcances de esta verdadera apostasía de los intelectuales. El libro del segundo de los nombrados, *Todo Caliban*, también publicado para honra de este Consejo por nuestro sello editorial, constituye, junto al que ahora estamos presentando, una fuente valiosísima de reflexiones, hipótesis e interpretaciones sobre la crisis de los intelectuales que, seguramente, habrá de ser de gran utilidad para todos los interesados en el tema y no sólo para la joven generación de científicos sociales que pugnan por deshacerse de la estéril herencia del saber convencional (*Cfr.* Fernández Retamar, 2004).

El paisaje después de la derrota

Veamos, sucintamente, cuáles son los temas que plantea Sastre en su libro. En primer lugar nos ofrece una cartografía de la capitulación de un vasto conglomerado intelectual que, en las últimas décadas del siglo XX, opta por abandonar sus viejos sueños radicales y revolucionarios para pasarse a las filas de sus antiguos enemigos. Casos como los de "aquellos ridículos maoístas franceses de mayo del '68, luego 'nuevos filósofos' y ahora decididos apóstoles de la derecha más rancia" (p. 39); o el de André Malraux, que de combatiente republicano en España termina como ministro de la derecha bajo el gobierno de De Gaulle; o George Orwell, otro miliciano republicano que a finales de la guerra pasa a ser un escriba a sueldo de la CIA, ejemplos estos a los que Sastre agrega los de la propia cosecha española: Ramiro de Maeztu, del anarquismo al hispanismo; Ortega y Gasset, del liberalismo al franquismo; Jorge Semprún, del estalinismo al "felipismo"; Fernando Savater, de un anarquismo difuso "a las filas de la derecha más patriótica". El listado sería interminable: recordemos algunos otros casos tan espectaculares como los de Lucio Colletti y María Antonieta Macchiochi, gurúes del marxismo italiano de los años sesenta y setenta, que culminan su ignominiosa trayectoria personal como parlamentarios del capomafia Silvio Berlusconi; o la deplorable involución de Regis Debray, burdo publicista del "foquismo" latinoamericano de los años sesenta convertido —tal vez por el irreparable ultraje de los años, como hubiera dicho Alejo Carpentier— en un adocenado neoliberal y prolífico escriba al servicio de los poderes de turno. Entre nosotros, en América Latina, el elenco se engrosaría en tal proporción que podría agregarse un nuevo capítulo a la *Historia Universal de la Infamia*, del inefable Jorge Luis Borges. Sastre menciona, en estas primeras páginas de su libro, un texto fundamental: *Herejes y Renegados*, de Isaac Deutscher, en donde se demuestra la mutación experimentada por algunos sectarios que, con el paso del tiempo, se convirtieron en "estalinistas al revés", es decir, en "anticomunistas igualmente sectarios". Otra vez: la literatura latinoamericana ofrece ejemplos notables al respecto. Pensemos simplemente en los casos de Octavio Paz, también él bravo miliciano republicano, que termina instalándose al servicio de lo que su amigo, Mario Vargas Llosa, de no mejor trayectoria que el mexicano, llamara "la dictadura perfecta", es decir, el régimen político instituido en México por el PRI. En todo caso, si extendiéramos nuestra investigación a publicistas y escritores, aparte de científicos sociales, podríamos compilar un grueso catálogo de herejes y renegados, pero no es ese el objeto de nuestra breve introducción.

Pero ¿se produjo, realmente, una tal deserción en masa de los intelectuales críticos? ¿No podría tratarse, tal vez, de un fenómeno mucho más acotado? Como podrá verse en la intervención de Pascual Serrano en su amable controversia con Alfonso Sastre (ver páginas 171 a 180), el primero pone en tela de juicio que exista dicha deserción. Lo que ocurre, nos dice, es que esos intelectuales siguen estando allí, sólo que los medios de comunicación de masas ahora silencian sus voces e impiden que la esfera pública se revitalice con sus ideas. "Cualquier tiempo pasado no fue mejor en lo referente al compromiso de los intelectuales", recuerda Serrano, sólo que ahora la "plutocracia mediática" practica un "genocidio informativo" que amordaza al pensamiento contestatario y genera la impresión de una desbandada general. Sastre, aún reconociendo la importancia del poder castrador de los oligopolios mediáticos, plantea con razón que lo anterior no niega el desplazamiento de muchos intelectuales hacia la derecha puesto que, según sus palabras, "no me refería a que hubiera silencio (a que muchos intelectuales no hablaran porque no podían hablar) sino al hecho evidente de que muchos antiguos progresistas hablaban y se manifestaban, incluso fervientemente, a favor del sistema" (p. 177). Lamentablemente, el veredicto de los hechos le da la razón a Sastre y no a Serrano, conclusión esta que es avalada por diagnósticos similares acerca de lo ocurrido en otras partes del mundo, como Estados Unidos, Europa y América Latina. Si bien es correcta la advertencia de Serrano acerca de lo desacertado que sería idealizar el pasado imaginándolo como un mundo rebosante de intelectuales radicalizados, convendría reparar en la singularidad del momento histórico actual, singularidad que precipita la fuga hacia la derecha de gran parte de la intelectualidad otrora progresista. ¿En qué consiste la especificidad de este momento? En la derrota —temporaria, pero derrota al fin— del proyecto emancipador socialista del siglo XX del cual sólo Cuba mantiene las banderas en alto, mientras que China y Vietnam se internan por inciertos senderos que hacen temer por su futuro. Que las revoluciones socialistas, al igual que sus antecesoras burguesas, no necesariamente triunfen en su primer ciclo de ascenso histórico no disminuye la gravedad del impacto ejercido sobre la conciencia pública y sobre los intelectuales que habían depositado sus esperanzas en el advenimiento del nuevo régimen social. El paisaje después de la derrota es desolador: la Unión Soviética, que gracias al heroísmo de sus hijos había inaugurado, en Octubre de 1917, una nueva etapa en la historia de la humanidad, se pudriría internamente, hundida en el barro de la corrupción y el autoritarismo, y se postraba ante el capital sin disparar un solo tiro. La nueva Santa Alianza: Ronald Reagan, Margaret Thatcher y Juan Pablo II encabezaban una briosa cruzada anticomunista que encontraba en una pléyade de intelectuales un coro apropiado para cantar loas al triunfo del capitalismo, los mercados y la democracia liberal. La vieja clase obrera, llamada a redimir a la humanidad de tanta barbarie, fue pulverizada por el postfordismo, la especialización flexible, la precariedad laboral y la relocalización industrial. Las organizaciones políticas del proletariado y las clases subalternas se debaten en una crisis aparentemente interminable: partidos de izquierda, o herederos de una tradición de izquierda, que no logran sacudir la indiferencia de las masas sumidas en letal estupor por la industria cultural y que, si llegan al poder, lo primero que hacen es manifestar, con la furia de los conversos, su adhesión al neoliberalismo. Los estados nacionales, a su vez, exhiben a sus dirigentes servilmente arrodillados ante el ímpetu de los mercados globalizados y arrepintiéndose públicamente de sus pecados de juventud. En este cuadro, con el "campo socialista" borrado del escenario internacional, con China abriéndose al capital extranjero e ingresando a la Organización Mundial del Comercio, con la socialdemocracia convertida al neoliberalismo, con un imperialismo cada vez más agresivo y omnipresente, con un capitalismo que avanza incesantemente en su proyecto de reducir la sociedad a un archipiélago de individuos egoístas, ¿cómo sostener una actitud crítica ante un orden social que parece arrasar con todos sus adversarios?[1].

Pese a todo, no son pocos los que no bajan los brazos y prosiguen su lucha. Sastre, Chomsky, Zinn, Petras, Parenti, Wallerstein, González Casanova, Sánchez Vázquez, Galeano, Saramago y tantos otros que sería largo y fatigoso nombrar sin caer en inevitables olvidos. Claro que, bajo tan desfavorables condiciones, son muchos los que por diversas razones –debilidades del carácter, inconsistencias ideológicas, apremios pecuniarios, ambiciones de gloria, poder y dinero– adoptan una postura oportunista y pasan a revistar en la derecha, deviniendo en lo que Sastre llama en este libro "intelec-

---

1 Hemos examinado este problema con mayor detalle en nuestro *Imperio & Imperialismo. Una lectura crítica de Michael Hardt y Antonio Negri* (Boron, 2002: 123-136).

tuales bienpensantes". Le asiste enteramente la razón cuando comprueba los acentuados alcances de este proceso de derechización de los intelectuales. Este tránsito algunos lo recorren cínicamente, pero no son pocos los que se convierten sinceramente a los valores de la burguesía. Entre los primeros encontramos impostores y farsantes, que si antes no creían en lo que decían ahora lo creen mucho menos; entre los segundos, fundamentalistas neoliberales, o "estalinistas al revés", como también los caracteriza Sastre. Pero hay otras actitudes: están quienes, ante el derrumbe, permanecen fieles a su viejo credo, aunque aquí también hay dos variantes. Por un lado, los que sumidos en la melancolía aceptan resignadamente la inexorable dilución de su identidad, como los apocalípticos de los primeros siglos del cristianismo o tantas otras sectas a lo largo de la historia de la tradición judeo-cristiana. Por el otro, los que prestan oídos sordos a los datos de la experiencia y proclaman triunfalmente la certidumbre en la inminencia del estallido revolucionario. Son expresiones del milenarismo de izquierda y su ciega confianza en el triunfo final de la revolución, cuyos signos auspiciosos se perciben por doquier: una huelga de los obreros de una mina de carbón en Azerbaiján, un corte de ruta de los desocupados en la Argentina, una manifestación antirracista de los paquistaníes en Bradford y el linchamiento de un policía corrupto en la sierra de Guerrero son todas pruebas irrefutables que anuncian el advenimiento del nuevo orden.

JUSTICIA, VIOLENCIA Y TERRORISMO

El libro plantea una serie de temas sustantivos, que van más allá de la problemática acerca del papel de los intelectuales y que remiten a cuestiones fundamentales del orden social. Cuestiones ante las cuales, obviamente, los intelectuales no pueden ser indiferentes ni aducir una absurda "suspensión del juicio moral". Asuntos tales como la justicia, la violencia y el terrorismo afectan a la totalidad de la vida social, y el silencio de los intelectuales sólo puede descifrarse como vergonzosa complicidad. De donde se deduce que la responsabilidad de los intelectuales es, tal cual lo propone en brillante síntesis Noam Chomsky, algo tan simple como esto: "decir la verdad y denunciar la mentira". Nada más y nada menos que eso. La tarea es ardua y difícil, y las celadas que tienden las clases dominantes para evitar el cumplimiento de ese mandato se multiplican por todos los intersticios de la vida social. No por casualidad William Shakespeare esboza en *La Tempestad* un cuadro en el que el intelectual, Ariel, se encuentra también él (y no sólo Caliban, el nativo esclavizado) sujeto firmemente al dominio de Próspero a pesar de su talento y su ingeniosidad. En su fascinante interpretación de la obra shakespeariana, entendida como una clave a partir de la cual se pueden descifrar los dispositivos del colonialismo cultural y político, Fernández Retamar (2004: 31) rescata justamente el valor de la hipótesis que propone Aníbal Ponce cuando define al intelectual como "mezcla de esclavo y mercenario", cuyo desinterés por la acción práctica y cuya acrítica aceptación del orden social imperante constituyen todavía hoy el ideal educativo de las clases dominantes y el paradigma del intelectual "bienpensante". En abierta contraposición con este modelo, Julio Antonio Mella, un joven fundador del marxismo latinoamericano, sugería en un texto redactado cuando apenas tenía veintiún años y en línea con los análisis de Ponce y de Rodó, y más lejanamente con Antonio Gramsci, que un intelectual es "un trabajador [...] que empuña la pluma para combatir las iniquidades" (Fernández Retamar, 2004: 35). En función de las consideraciones precedentes resulta más que oportuna la advertencia de Theodor W. Adorno que Sastre introduce en su discurso y que llama la atención sobre los riesgos, sumamente generalizados, de "obedecer al sistema con las formas de la rebelión", es decir, asumiendo una forma externa en apariencia crítica pero profundamente conservadora en su contenido.

Decíamos al principio que el texto de Sastre es no sólo incisivo teóricamente sino también valiente. Se atreve a desnudar las debilidades del saber convencional, prevalecientes en el plano más abstracto y elevado de la teoría y la ideología oficiales y, por eso mismo, reflejadas en las tertulias radiofónicas, o televisivas, que con singular ingenio nuestro autor bautiza como "desfile de cretinos" (p. 56-58). En ese espacio comunicacional predominan sin contrapesos las "leyes de gravedad" del género. Quienes padecemos esa plaga en América Latina, tanto en los medios oficiales u oficiosos del establishment, no podemos sino reconocer la perspicacia analítica de Sastre cuando describe como componentes fundamentales de esas leyes la improvisación, el pensamiento rápido, el hablar sin pensar, la total irresponsabilidad intelectual y moral de los contertulios, su diletantismo e inconsistencia argumentativa y su irrefrenable voluntad de servir a los poderosos de turno, cualquiera sea su talante ético o político. Sastre además nos advierte de "lo peligroso que puede ser un micrófono en las manos de un cretino, cuando el tal cretino goza de total impunidad", así como ese curioso fenómeno de la "intrepidez de la ignorancia", tan común en los medios que, supuestamente, educan a los ciudadanos de una democracia (p. 57). Estas tertulias, naturalmente, nada tienen que ver con al auténtico debate de ideas, con los "contrastes de opiniones razonadas" tan infrecuentes en nuestros días y casi extinguidas por completo en los grandes medios de comunicación. Pierre Bourdieu ridiculizaba estas tertulias televisivas en Francia al comentar lo absurdo que le parecía cuando un conductor con voz engolada y rostro perfectamente producido para transmitir la imagen de seriedad y ecuanimidad le ofrecía tres minutos de su tiempo para explicar cómo resolver la cuestión de la pobreza extrema que afectaba a millones de *sans papiers* en toda Europa (Bourdieu, 1997).

En pocos asuntos este síndrome es más evidente que cuando se habla del terrorismo. La sola mención del tema dispara un mecanismo reflejo que lleva a los intelectuales "bienpensantes" a una desaforada carrera para ver quién condena de manera más categórica ese fenómeno. Sastre tiene la osadía de descalificar dicha actitud a partir del axioma socrático que dice que "pensar es distinguir". Y, evidentemente, se impone una distinción que, no por casualidad, no se establece siquiera en los ámbitos más refinados del pensamiento dominante. Porque ¿cómo confundir la violencia de los estados opresores, de los ricos, de los fuertes, de los poderosos, con la que ejercen los sometidos, los pobres, los débiles, los dominados? Es preciso, dice nuestro autor, establecer la diferencia entre "el disparo de un sicario sobre un dirigente sindical en América Latina y la ráfaga de metralleta de Ernesto 'Che' Guevara contra un cuartel" de Batista, o "entre la explosión de unas bombas atómicas sobre Hiroshima y Nagasaki y el homicidio a navaja que se produce en un arreglo de cuentas o en un trance pasional". Todos son actos violentos, prosigue Sastre, "y por ello indeseables; pero a partir de esa constancia es preciso ponerse a pensar, y a ver la entidad propia de cada una de esas violencias [...] de manera que el juicio moral y político sobre ellas se basará en el conocimiento de su diferente cualidad y etiología", sus motivaciones psicológicas y sociales, su finalidad. Y remata su razonamiento diciendo que "no puedo poner en el mismo saco a un militante palestino que se hace estallar ante un cuartel israelí [...] y el lanzamiento de misiles desde helicópteros sobre casas habitadas palestinas en un campo de refugiados" (p. 96-97).

En América Latina tanto el marxismo como la teología de la liberación plantearon con claridad este dualismo entre la violencia del sistema, o institucionalizada, y la violencia de los de abajo, que era, y es, anatemizada, distinción esta que, lamentablemente, ha sido olvidada por el saber convencional de las ciencias sociales. La criminalización de la protesta social, promovida por el gobierno de George W. Bush y acatada sin chistar por la gran mayoría de los gobiernos del hemisferio, es la forma que hoy asume esta indistinción que es, en su esencia, vergonzante complicidad con un orden social cuya radical injusticia ha sido condenada por las mujeres y hombres decentes de este planeta. Sastre apela a antecedentes de más peso, como la tradición del derecho natural que justifica el tiranicidio y la legítima defensa, que encuentra en la obra de autores como Tomás de Aquino y John Locke algunos de sus más elevados exponentes. Y nos recuerda, de paso, la indiferencia de los intelectuales progresistas españoles ante la tortura, a lo que podríamos agregar, en América Latina, la insensibilidad y desinterés manifestados por nuestros "bienpensantes" autóctonos ante la misma práctica policíaca y la continuidad, ya en democracia, de la desaparición de personas, el asesinato de periodistas y la salvaje represión de pacíficas manifestaciones populares, para ni hablar de verdaderos genocidios practicados por el imperio –y no sólo en Afganistán e Irak.

La conclusión a la que llega Sastre es irrebatible: el llamado terrorismo no es otra cosa que la guerra de los débiles, mientras que se reserva el nombre de guerra "limpia" o "humanitaria" al terrorismo mucho más salvaje practicado por los poderosos. Por lo tanto, todas las guerras son terroristas, y uno de los terrenos en los cuales se escenifica la guerra es el lenguaje. Los opresores son sumamente concientes de ello. De ahí su incansable labor en el campo de la cultura y la ideología, y el papel predominante que han adquirido los medios de comunicación de masas, vehículos privilegiados mediante los cuales se impone un sentido común y se instituyen los valores que, sin deliberación seria y razonada, pasan a regir la vida social. Es por eso mismo bien oportuna la referencia de Sastre a Elio Antonio de Nebrija, el gran humanista y gramático español que, precisamente en 1492, publicara su célebre *Gramática de la Lengua Castellana*. En su prólogo, Nebrija explica que la lengua debe ser el elemento que le brinda identidad a un pueblo y el vínculo que une a sus integrantes, y que por eso debe llevarse "a cuantos pueblos acudan las fuerzas militares"; y, ya más enfáticamente –en un libro dedicado, por supuesto, a Isabel la Católica– recordaba a los gobernantes que "la lengua es compañera del imperio" (p. 74). Parece poco probable que las aficiones literarias de George W. Bush o de sus cortesanos imperiales los hayan inducido a leer a Nebrija, pese a lo cual todos ellos saben muy bien que hoy por hoy el inglés es uno de los más fieles compañeros del imperio y por eso cultivan prolijamente su expansión a escala planetaria. Si las fuerzas militares del imperio están presentes en ciento veintiocho países, el inglés no les puede ir en zaga.

El manual del "intelectual bienpensante"

La última parte del libro contiene una variedad de textos, a cual más sugerente e interesante. Detengámonos un momento, para terminar, en el examen de los siete tópicos que caracterizarían al buen intelectual. Ya antes Sastre había señalado que los "bienpensantes" dejaron de pensar hace rato, y que sustituyeron ese difícil arte por "un sistema de tics automáticos" que los convertían en "repetitivos autómatas que respondían siempre con la misma canción". Dado que pensar es distinguir, y los (y las) "bienpensantes" se caracterizan precisamente por la atrofia de su capacidad de distinguir, los actos reflejos de dichos intelectuales se organizan de conformidad con un manual que consagra los "siete tópicos del buen intelectual", a saber:

El buen intelectual es –y si no lo es debería serlo– políticamente correcto

Antaño ser "políticamente correcto" era motivo de burla. Ni Oscar Wilde ni Miguel de Cervantes Saavedra lo fueron. Hoy pocos se atreven a desafiar dicho imperativo que apela a la sensatez y la razonabilidad. Pero ser "políticamente correcto" significa, en la práctica, que hay que aceptar el mundo tal cual es, inclinarse ante la llamada "realidad" (aunque la "realidad" de lo real depende grandemente de las categorías utilizadas para su interpretación), admitiendo también que la historia ha terminado, que la distinción entre derechas e izquierdas se ha vuelto irrelevante, y que la globalización capitalista no nos deja alternativas. El pensamiento único no es otra cosa que el reflejo, en el plano de las ideas, de la unicidad del mundo real, capitalista, que es lo único que existe. El resto son fantasías, ficciones, utopías, es decir, artilugios intelectuales cuya búsqueda sólo puede conjurar la aparición de los peores demonios.

El buen intelectual está contra toda violencia, venga de donde venga

Sobre esto ya hemos expuesto las tesis de Sastre en las páginas anteriores. En su escrito alude a "la metamorfosis de la pistola", que sucintamente podría plantearse en estos términos: un tiro de pistola suena igual que otro tiro de pistola. Sin embargo, su significado sociológico y moral no es igual si quien produce el sonido es el agente de una dictadura o un militante revolucionario. Esta distinción es anatema a los oídos de los "bienpensantes", lo cual no amilana a nuestro autor quien, por el contrario, avanza resueltamente tras las huellas de Nicolás Maquiavelo para abrir el debate en torno a uno de los temas cruciales de la filosofía política: la relación entre medios y fines. ¿Es que acaso volvemos ahora a aquello de que "el fin justifica los medios"?, se pregunta. Dada la extrema trascendencia que tiene este planteamiento conviene que le cedamos una vez más la palabra a Sastre: "No. Yo no suscribiré esta justificación, pero tampoco me pondré en el bando de quienes, bienpensantes, reposan su cabeza sobre el lecho de una condena retórica. Estamos en el corazón de la tragedia" y esta es, "entre otras cosas, una apuesta contra todo maniqueísmo (buenos y malos)". Sastre analiza los dilemas morales ya contenidos en la tragedia clásica griega, particularmente en Eurípides, pero también en *Fuenteovejuna* de Lope de Vega, donde los ciudadanos humillados y oprimidos se rebelan y dan muerte al despótico comendador. Reflexionando sobre la tragedia de la ocupación nazi de Francia se pregunta: "¿Qué pensar de un acto en el que un resistente francés disparaba un tiro en la cabeza de un oficial alemán? [...] ¿Condenarlo y renunciar a la lucha contra la ocupación alemana?" (p. 103-104).

El buen intelectual es tolerante

Sastre comenta bajo este apartado los legados del dogmatismo marxista, que en la cabeza de los intelectuales reconvertidos a la derecha aparece como una exaltación de la tolerancia. Sólo que, paradojalmente, esta no significa el examen de diferentes puntos de vista o de planteamientos alternativos sino la aceptación lisa y llana del pensamiento único. La reacción ante el dogmatismo del pasado es un pensamiento que se enorgullece de su debilidad, y que hace un culto del eclecticismo.

El buen intelectual es ciudadano del mundo

Sastre somete a escrutinio el pseudo-cosmopolitismo que caracteriza a los intelectuales "bienpensantes". Se trata de un cosmopolitismo abstracto que concibe a la humanidad como una superficie lisa y homogénea y que sólo espíritus ofuscados pueden concebir como una constelación de naciones, culturas y pueblos diferentes. "¿Franceses, nigerianos, filipinos, kurdos? ¡Tonterías! [...] somos seres humanos [...] y lo demás es ese cuento nacionalista" (p. 109). Ante lo que nuestro autor responde que el intelectual "es ciudadano de su pueblo".

El buen intelectual es pacifista

Bajo este apartado Sastre cuestiona a los "bienpensantes" que son pacifistas en algunas guerras y no en otras; o condenan la violencia terrorista "que rechazan, y hacen muy bien, mientras se muestran insensibles a las torturas que practica la policía y forman parte de una guerra especialmente sucia" (p. 113-114). La historia de las "pacificaciones" imperialistas es de una violencia inenarrable, desde la *pax romana* hasta los grandes genocidios practicados por los imperios europeos en América y, posteriormente, las impuestas en Indochina y Argelia, o las que el imperialismo norteamericano estableció, bombas atómicas mediante, en Japón.

El buen intelectual es demócrata

Esta cláusula estipula la adhesión sin restricciones de los intelectuales "bienpensantes" a la democracia representativa, haciendo caso omiso de la profunda crisis que la caracteriza y que ha dado lugar a que un analista de la talla de Colin Crouch haya publicado, en fechas recientes, un extraordinario ensayo en el que se afirma que la edad democrática del capitalismo ha llegado a su fin y que hemos ingresado a una fase "post-democrática" (Crouch, 2004: 1-30). Sastre señala, con razón, la total falta de crítica de estos intelectuales ante el hecho de que haya sido precisamente bajo el imperio de estas "democracias realmente existentes" que las injusticias se extendieran como nunca antes por el mundo y que, paralelamente, las libertades se contrajeran cada vez más. Tales democracias, sostiene Sastre, están "mostrando cada vez más nítidamente la pestilencia que se alberga en sus tripas, y su capacidad para servir de cobertura a los mayores horrores del imperialismo" (p. 156-157).

El buen intelectual, puesto a elegir, prefiere la injusticia al desorden

Por último, el manual del "bienpensante" reconoce en esta cláusula otro de los puntos cardinales de su pensamiento. Para él no hay retorno posible desde la violencia y el terror que se nutren del desorden. Un orden injusto es perfeccionable; la justicia en el desorden sólo conduce al caos. Sin embargo, nos recuerda Sastre, la paz y el orden son el "bello efecto de la abolición de las injusticias y de las opresiones" (p. 115). La paz perpetua tan exaltada por Immanuel Kant no es la paz de los cementerios sino la calma que brota del reinado de la justicia.

Una invitación

En los capitalismos actuales la esfera pública se encuentra cada vez más controlada por un puñado de grandes empresas que manipulan arbitrariamente, casi sin contrapeso, los mensajes que por ella circulan, determinan lo que será o no será "noticia" –por lo tanto, lo que la sociedad puede o no llegar a conocer– y fijan la agenda de los temas de debate público y las prioridades de la dirigencia política. Esos conglomerados pseudo-periodísticos reproducen, tanto por el contenido de los mensajes que promueven como por su forma, el discurso de las clases dominantes. La mal llamada "dictadura mediática" no es otra cosa que la dictadura del capital, y la también mal llamada "prensa libre" es la libertad que reclama el capital para reafirmar sin interferencias su dominio en el terreno de la ideología y el sentido común de una época.

En un país tras otro se comprueba la inexistencia de un auténtico debate de ideas. Una aplastante lápida ha caído sobre nuestras sociedades: pensamiento único, inexistencia de alternativas, dictadura del capital edulcorada con una delgada capa de libertades formales a las cuales sólo unos pocos, ricos y poderosos, pueden acceder. La política ha sido secuestrada por los mercados, como observa Gore Vidal, y convertida en una rutina sin gusto y sin gracia y para la cual la desesperante situación por la que atraviesa la humanidad pareciera serle por completo indiferente, obsesionada como está por garantizar la tranquilidad de los mercados. La guerra cultural que con tanto éxito ha librado el neoliberalismo ha taponado todos los poros por los cuales deberían circular las ideas que las sociedades necesitan para cimentar su propio desarrollo y para buscar sus alternativas ante los desafíos que les impone la historia. Sus principales instrumentos: los monopolios mediáticos –cuya obra destructiva y embrutecedora con tanta enjundia denuncia Sastre en este libro– exentos de cualquier tipo de control democrático pese a su tremenda gravitación social. Es precisamente esta libertad: libertad para manipular, para desinformar, para ilusionar, para mentir, la que los convierte en instrumentos indispensables del capital para perpetuar, en el crucial terreno de las ideas y los valores, el injusto orden social existente. Por eso nunca como hoy fue tan pertinente la sentencia de José Martí cuando dijera que "de pensamiento es la guerra que se nos libra, ganémosla a fuerza de pensamiento".

En este cuadro, que no es menos grave en América Latina que en Europa o Estados Unidos, el texto de Sastre es un vigoroso llamamiento a abrir las ventanas del debate, a animarnos a cuestionar el saber convencional, las opiniones establecidas, el derecho de los más fuertes. En una palabra, a animarnos a pensar a contracorriente, algo que en pocas áreas del conocimiento podría ser más urgente e importante que en las ciencias sociales. Sus palabras y sus argumentos son de una contundencia magistral. Uno podría no estar de acuerdo con todas y cada una de sus conclusiones. Como vemos en este mismo libro, hay intervenciones de intelectuales que matizan o cuestionan algunas de sus afirmaciones. Pero de lo que no cabe la menor duda es de la rigurosidad y urgencia de sus planteamientos. Confiamos en que la publicación de esta obra, junto a la del ya mencionado libro de Fernández Retamar, servirá para promover un debate imprescindible para nuestras sociedades. Debate que se encuentra largamente postergado siendo, como es, esencial para la demorada empresa de construir una buena sociedad.

BIBLIOGRAFÍA

Benda, Julien 1975 *La trahison des clercs* (Paris: B. Grasset).

Boron, Atilio 2004 (2002) *Imperio & Imperialismo. Una lectura crítica de Michael Hardt y Antonio Negri* (Buenos Aires: CLACSO).

Bourdieu, Pierre 1997 *Sobre la televisión* (Barcelona: Anagrama).

Chomsky, Noam 1969 *La responsabilidad de los intelectuales* (Madrid: Ariel).

Crouch, Colin 2004 *Post-Democracy* (Cambridge: Polity Press).

Fernández Retamar, Roberto 2004 *Todo Caliban* (Buenos Aires: CLACSO).

Jacoby, Russell 2000 *The last intellectuals. American culture in the age of academe* (New York: Basic Books).

NOTA PARA LA EDICIÓN CUBANA

LOS TRABAJOS RECOGIDOS en este libro expresan mis opiniones actuales sobre los temas que se tratan en ellos, pues estos han sido escritos durante los años 2002 y 2003. Hago, como se verá, una especial incidencia en el fenómeno (observable desde hace ya muchos años) del desplazamiento de muchos intelectuales y artistas hacia *la derecha* más estregada a los postulados reaccionarios del poder capitalista en su fase actual, cuya estrategia pretende basarse en la idea (no verificable) de que el marxismo es hoy una filosofía obsoleta, cosa que, por otra parte, la derecha viene afirmando siempre. Cierto: el marxismo ha venido siendo "enterrado" siempre, pero a la par reprimido sangrientamente –lo que no deja de ser una contradicción curiosa–, y ahora perseguido (como si estuviera vivo) y enterrado (como si estuviera muerto) con mayor fruición, desde el derrumbe del socialismo real.

Tampoco la decidida instalación –y no sólo el deslizamiento oportunista– de intelectuales y artistas en las afueras del poder, atentos y fieles a su dictador, es una cuestión de hoy, e incluso lo que se llama la *intelligentsia* ha sido generalmente una capa siempre sospechosa de esa connivencia con el poder, monárquico u otro, como lo fue en el siglo XVII la *intelligentsia* española en sus más altos niveles, incluido en esa *intelligentsia* mi amado maestro Cervantes, además de tan grandes estrellas como Lope de Vega, Quevedo, Calderón.

Ha habido esto y ha habido también lo otro, por supuesto: intelectuales y artistas que se han implicado –"implicados" es un término que a mí me gusta más que "comprometidos" que es una palabra que viene de la traducción de la expresión francesa, propuesta por Sartre, *engagement*, compromiso–, que se han implicado, digo, en los procesos revolucionarios aquellos intelectuales subversivos o sediciosos que tantas veces pagaron con sus vidas su implicación en las luchas, tantas veces heroicas, mientras sus colegas eran famosos y disfrutaban plácidamente de los bienes materiales que en esas zonas del poder se dispensa a los servidores de sus intereses. Tal es la atmósfera de las dos primeras partes de este librito.

En la tercera parte de este libro se encontrarán, en fin, sus lectores, con una breve serie de artículos que son otros tantos ejemplos de mis modos de implicación en algunos fenómenos sociales y políticos de nuestro tiempo; implicación que comporta una crítica, creo que radical, de la democracia representativa como un sistema que es ya inequívocamente, descaradamente, sin máscara, el albergue y el castillo –el fuerte– de las injusticias más atroces y de los atentados más graves a las libertades públicas e individuales. La represión al pueblo palestino y el asalto filibustero (en el sentido de pirata) a Iraq, o la amenaza y la opresión permanentes a Cuba, cuentan entre estas situaciones, pero también me he ocupado de la versión española de estas indecencias. Mi punto de vista es que los últimos acontecimientos han puesto fin, definitivamente, a una ilusión: la de que la democracia representativa contenía algunas esperanzas para el futuro de la humanidad, aunque ya se venía afirmando esto con la reserva quizá de que "la democracia era el menos malo de los sistemas posibles".

El porvenir del mundo, al fin, se está abriendo a los postulados de una nueva democracia —nueva en la realidad histórica, en la que apenas ha habido algunas experiencias, generalmente frustradas, que no en el pensamiento—, cuyas bases se van consolidando como *un magno proyecto de democracia participativa* (y los cubanos tendrán mucho que decir en esto), de raíces históricas libertarias, en el que quedará definitivamente reivindicada la "acción directa" y popular, y la abolición, por tanto, de ese semillero de corrupciones que es todavía hoy la capa social que se ha llamado "la clase política", sobre la que hoy pesa el más universal de los desprecios y que es el equivalente en el capitalismo de lo que fueron en el "socialismo real" la "nomenclatura" y la burocracia en general, los mortales enemigos interiores del socialismo en la situación internacional anterior, generada por la Segunda Guerra Mundial y la llamada "guerra fría". Esta "acción directa" de la gente sobre su destino será, por fin, la clave de la justicia y de la libertad en el mundo. ¡Dichoso quien lo vea!

Alfonso Sastre
Julio de 2003

NOTA PARA LA PRIMERA EDICIÓN

Este libro consta de tres partes, a saber:

1ª.- Es una nueva edición, revisada y aumentada, del librito que con el mismo título apareció en la editorial Debate, Contratiempos, Panfletos de Pensamiento Radical, Madrid, 2002.

2ª.- Es un trabajo que, en versión reducida para conferencia, el autor leyó en Pontevedra, Aula Castelao de Filosofía, el 23 de abril de 2003, y que luego apareció –traducida a la lengua gallega– en la revista *A Nosa Terra*, 22 a 28 de mayo de 2003. También se ha difundido en Internet. El texto completo aparece ahora por primera vez.

3ª.- Son ocho artículos del autor, más una comparecencia, más una breve reseña de su intervención en la entrega que se le hizo, en Vigo, del Premio Max de la Sociedad General de Autores y Editores el día 5 de mayo de 2003. Estos trabajos constituyen un ejemplo de la implicación –término que Sastre prefiere al de compromiso– que él propugna para los intelectuales y los artistas en la vida social, cultural y política de su tiempo.

Hiru Argitaletxea

COMENTARIO DEL AUTOR DE ESTE LIBRO

Quítenseme de delante los que dijeren que las letras hacen ventaja a las armas; que les diré, y sean quienes fueren, que no saben lo que dicen

Quijote, "Discurso de las Armas y las Letras"
Miguel de Cervantes

DON MIGUEL DE CERVANTES puso en labios de Don Quijote un discurso de elogio de las armas en su confrontación con las letras, que incurre en la ambigüedad de elogiar al mismo tiempo y se supone que por las mismas razones tanto las armas de Don Quijote –las armas de los caballeros andantes, guerrilleros de la justicia que no se cumple en la monarquía– como las armas de lo que hoy son los ministerios de la guerra y las oficinas de policía al servicio de los estados, incluyendo, claro está, las armas mortales de las que los imperialismos se han servido siempre para imponer sus magnos poderes en el mundo.

La crítica de esta filosofía, que mete en el mismo saco la violencia con la que el mismo Don Quijote libera a los presos y la que conduce a esos mismos presos "contra su voluntad" al horrible martirio de las galeras, es uno de los objetivos de este pequeño ensayo que presenta como una batalla –un episodio de algún modo militar, y a la par antimilitarista– el comportamiento de los intelectuales y los artistas insumisos frente a las injusticias y a los descalabros de la razón.

Alfonso Sastre
Mayo de 2003

LOS INTELECTUALES Y LA UTOPÍA

(DIÁLOGO CON MI SOMBRA)

> *La sombra.–* Hace mucho tiempo que no te oigo hablar; ahora te ofrezco la ocasión para que rompas ese silencio tuyo.
> *El viajero.–* ¿Quién habla ahí? ¿Dónde es? Es como si me oyera hablar a mí mismo, sólo que con una voz más débil que la mía.
> *La sombra.–* ¿No te alegras de tener una ocasión de hablar?
> *El viajero.–* Sí, pero...
>
> *El viajero y su sombra*
> Friedrich Nietzsche

La sombra.– Hace mucho tiempo que no te oigo hablar; ahora te ofrezco la ocasión para que rompas ese silencio tuyo.

Sastre.– ¿Quién habla ahí? ¿Dónde es? Es como si me oyera hablar a mí mismo, pero con una voz más débil que la mía.

La sombra.– ¿No te alegras de tener una ocasión de hablar?

37

Sastre.– Sí, pero no estoy muy animado a hacerlo. ¿Para qué hablar? ¿A quién?

La sombra.– Para aclarar algunas cosas. ¿A quién? A los lectores de una colección de panfletos.

Sastre.– ¿Qué colección es esa? ¿Qué lectores tiene?

La sombra.– Algunos tendrá, puesto que existe.

Sastre.– Bueno, es igual. Siempre he escrito sin saber para quién, suponiendo la posibilidad de que alguien llegara a leer lo que yo escribía. El silencio me ha acompañado siempre y no por eso yo he dejado de escribir. Ahora mismo estoy trabajando –escribiendo, claro– sobre la Utopía, para nadie y para nada. Como una especie de testamento político e intelectual. O sea, para el futuro y para que no se pierda del todo mi pensamiento, si es que a mis cuatro ideas (¡más bien, a mis cuatro dudas!) se les puede otorgar esa calidad: la de ser *un pensamiento.*

La sombra.– La idea que yo he tenido, como tu sombra que soy, es la de que escribieras –la de que escribiéramos– *sobre los intelectuales* en el día de hoy, cuando, después de la caída de la casa Usher...

Sastre.– ¿A qué te refieres con eso? Es el título de un relato de Edgar Allan Poe. ¿Y qué más?

La sombra.– Tú lo llamaste así.

Sastre.– ¿A qué? No lo recuerdo ahora.

La sombra.– Llamaste así a la caída del "socialismo real" en la URSS y en las "Democracias Populares". Nosotros sabíamos que la casa tenía una grieta seria, pero no que podía caerse toda de la noche a la mañana. Y se cayó.

Sastre.– Bien caída está, por cierto.

La sombra.– ¿Así dices? ¿No te da vergüenza?

Sastre.– Ya he llorado bastante. La verdad es que la casa del "socialismo real" estaba tan mal construida que no valía la pena poner más esperanzas en esa edificación. Por eso se ha disuelto como un azucarillo. Si no, ¿de qué?

La sombra.– Pero nosotros somos comunistas y nos afirmamos como tales. ¿O no?

Sastre.– O comunismo o barbarie; así lo pienso yo.

La sombra.– Así lo pensamos. El Nuevo Orden Mundial es la barbarie. Es el talón de hierro que Jack London profetizara a principios del siglo XX.

Sastre.– Así es, desde luego. *El talón de hierro*, aquella novela profética.

La sombra.– Una barbarie apadrinada hoy, además de por la *intelligentsia* de siempre, por una multitud de intelectuales, que se han desplazado desde la izquierda (más o menos izquierda) a la derecha con todos sus bagajes, como lo hicieron aquellos ridículos maoístas franceses de mayo del '68, luego "nuevos filósofos" y ahora decididos apóstoles de la derecha más rancia. Casos equivalentes a otros muchos como lo fueron, en su momento, los de Ramiro de Maeztu, del anarquismo a la mística de la Hispanidad; o el de Ramón Gómez de la Serna, que acabó haciendo greguerías para el diario falangista *Arriba*; o el de Azorín, que llamó "camarada director" al de este diario, y terminó una carta (que nosotros leímos) con un rotundo ¡Arriba España!; o el del filósofo Ortega y Gasset, que cuando volvió a Madrid en los años cuarenta dio una conferencia en el Ateneo (ocupado como todo por el Régimen), en la que dijo, para empezar, que "por fin España tenía suerte", refiriéndose al franquismo, naturalmente; o, en otras áreas, el de André Malraux, que, de combatiente republicano en España, pasó a ser ministro del General De Gaulle; o el de Orwell, también combatiente en la guerra de España, cuya obra fue manejada posteriormente por la CIA, con su previo consentimiento; y como el de otros muchos intelectuales de la izquierda revolucionaria, tal que Julián Gorkin, luego al servicio del Imperio Americano. Muchos de estos casos quedan documentados en el excelente libro de Frances Stonor Saunders *La CIA y la guerra fría cultural* (Editorial Debate, Madrid, 2001). Más próximos nos son otros casos, como el de Jorge Semprún, alto dirigente comunista y estalinista notorio en su juventud, y después ministro en un gobierno del socialdemócrata Felipe González; o tan curiosos como el de Fernando Savater, que se decía anarquista y hoy está, sonriente, en las filas de la derecha más patriótica y cañí. Por no hablar de otros comunistas españoles del PC o de "Bandera Roja" o del Frente de Liberación Popular (FLP), luego funcionarios de la derecha, y colegas ideológicos del fascista Fraga Iribarne. Sobre los comunistas y sus formas de convertirse en apologistas del capitalismo –con más o menos reservas de matiz–, es inapreciable el recuerdo del libro del excelente profesor Isaac Deutscher *Herejes y renegados*, en el que se ve cómo muchos de aquellos estalinistas de otro tiempo se convirtieron en "estalinistas al revés"; de modo que si habían sido comunistas sectarios, se convirtieron en anticomunistas igualmente sectarios. Junto a estos "herejes y renegados", se alzan como dignos cultivadores del arte y de la literatura, y leales a su ideología y a su responsabilidad política, intelectuales de la derecha de siempre, como Claudel o Borges, grandes escritores, e incluso grandes escritores fascistas y racistas, tales que Louis-Ferdinand Céline, o Ezra Pound, acaso repelentes personajes, pero indiscutibles maestros. ¿Cómo no quitarnos la gorra, admirativamente, ante libros como el *Voyage au bout de la nuit* de Louis-Ferdinand Céline? ¿O ante la literatura de Jorge Luis Borges? ¿O ante la obra filosófica de Martin Heidegger? Otro asunto diferente es el de los intelectuales de izquierda que renegaron de su pensamiento y de su compromiso político libremente asumido, por miedo ante la adversidad de las circunstancias y los riesgos que esas circunstancias entrañaban. Recordemos como ejemplo elocuente de esto aquel *Tiempo de canallas* (Lillian Hellman), de la "caza de brujas", en los Estados Unidos, cuando escritores y artistas de izquierda –como Clifford Odets, en el teatro– se rebajaron incluso hasta ejercer el papel de colaboradores de aquel Tribunal contra las "Actividades Antinorteamericanas". El mismo Bertolt Brecht negó su pensamiento ante aquel aparato, de un modo que puede recordar las negaciones de San Pedro en los evangelios de Jesús. ¿Marxista él? No, él pasaba por allí. Entonces –dice Hellman, cuyo compañero en la vida, Dashiell Hammett, sin jactancias ni manifiestos anteriores ni posteriores, sí estuvo a la altura de aquellas circunstancias, y sufrió prisión por ello– "innumerables vidas fueron arruinadas, y pocas voces se levantaron en su defensa". Tiempo de canallas, en el que, por cierto, hoy seguimos.

El caso es que los intelectuales y los artistas han mantenido ante el poder político, a lo largo de la historia, comportamientos de toda índole, desde la insurrección que conduce a la muerte propia (como el poeta José Martí) a la servidumbre "áulica", a la manera –a modo de ejemplo– del norteamericano Arthur Schlesinger en los EE.UU. Nosotros intentamos recordar algunos casos en una serie periodística, bajo el título *De imaginaria*, pero los editores parecieron aburrirse de ella, y tuvimos que suspenderla. (Antonio Machado le cambiaba su pluma por la pistola al general Líster; pero, en la otra banda, Leni Riefenstahl se ponía al servicio del nacionalsocialismo. Hoy se ha podido hablar críticamente –en este tiempo de eclecticismo posmoderno– de "la indecente rehabilitación de Leni Riefenstahl", etcétera. Trabajos de amor perdidos. Oscar Panizza, B. Traven y otros muchos figuraban en aquella galería frustrada de intelectuales y artistas).

Sobre este tema de la función de los intelectuales, es memorable el libro de Chomsky *El poder americano y los nuevos mandarines*, que él dedicó, en 1969, "a los valerosos jóvenes que se niegan a servir en una guerra criminal", y que en español apareció en Ediciones Ariel, 1969, con el título *La responsabilidad de los intelectuales*.

Sastre.– En ese libro, y ahora quiero intervenir yo mismo, para no quedar convertido en la sombra de mi sombra, Chomsky denunciaba el comportamiento de la mayoría de los intelectuales ante la guerra de Vietnam. "La guerra –escribió en la introducción de lo que, en realidad, es una colección de ensayos– es simplemente una obscenidad, un acto depravado realizado por hombres débiles y miserables, incluyéndonos a nosotros mismos, que hemos dejado que siguiera con infinita furia y destrucción; todos nosotros, que habríamos permanecido en silencio si se hubiera asegurado la estabilidad y el orden". "Creo –siguió casi en seguida– que es la primera vez en la historia que una nación ha exhibido tan abierta y públicamente sus propios crímenes de guerra". Se había producido al fin un movimiento contra la guerra pero motivado, según Chomsky, por lo costosa que resultaba y no por las razones que hubieran debido promover ese rechazo entre los intelectuales. "Difícilmente puede ser elevado el principio de que debemos aflojar las garras cuando la víctima sangra demasiado", concluye. ("Prohibido sangrar", comentaba en un artículo, con amarga ironía, Santiago Alba Rico, después de un reciente viaje a Iraq, ese país cotidianamente mártir desde las inolvidables fechas de la llamada Guerra del Golfo).

La sombra.– Para Chomsky, en aquellos ensayos, los intelectuales son "una minoría privilegiada", cuyas responsabilidades, por ello, "son mucho más profundas" que las que se atribuyen a "los pueblos". "La responsabilidad de los intelectuales –define sencillamente– consiste en decir la verdad y en denunciar la mentira". Y Schlesinger, por ejemplo, a quien antes hemos citado, mentía con gran desvergüenza, y se quedaba tan contento porque lo hacía en defensa de su país: su mentira era... patriótica. Pero su caso era lo de menos. "Que un hombre se considere muy feliz por mentir en beneficio de una causa que sabe injusta –explicaba Chomsky– no tiene especial interés; lo significativo es que estos hechos (en aquel momento se trataba de un desembarco militar en la cubana Bahía de Cochinos) susciten tan escasa respuesta por parte de la comunidad intelectual; por ejemplo, que nadie haya considerado extraño que se ofrezca una cátedra importante de humanidades a un historiador que considera deber suyo convencer al mundo de que la invasión patrocinada por los americanos de un país vecino en realidad no es tal invasión". Chomsky cita con elogio al senador Fullbright, que en un artículo se había referido a lo deseable que era que en las universidades norteamericanas se creara "un contrapeso" al "complejo militar-industrial", mientras que, en la realidad, "en vez de ello, (las universidades) se han unido a ese bloque, aumentando enormemente su poder y su influencia". Los científicos sociales "se habían convertido, en lugar de ser críticos responsables del Gobierno, en los agentes de esta política".

Sastre.– Recuerdo aquellos ensayos. En ellos se salvaba eso que hemos llamado, de un modo un tanto enfático, "el honor de los intelectuales", *mediante la crítica de su comportamiento.* La línea posterior de Chomsky se ha enriquecido con continuas y valiosísimas aportaciones a la crítica del imperialismo norteamericano, y en esa vía brillan hoy nombres como los de Howard Zinn, Michael Parenti o James Petras, que en un artículo reciente ha hecho una durísima crítica del comportamiento de los intelectuales (no sólo de los norteamericanos) ante los recientes episodios bélicos y terroristas promovidos y ejecutados por los Estados Unidos y sus serviles aliados, en la ex Yugoslavia; y en Afganistán después del 11 de septiembre del año pasado. Este artículo de James Petras –"Los intelectuales y la guerra"– puede leerse en español en el número 19 de la colección "Sediciones", de la Editorial Hiru, Hondarribia, 2002. La línea de los intelectuales norteamericanos radicales y progresistas no se ha interrumpido nunca, por cierto; y se remonta por lo menos hasta figuras tan destacadas en la historia de la literatura como Mark Twain o Jack London, cuya denuncia de lo que él llamó el talón de hierro es memorable, y nosotros la hemos recordado al principio de este diálogo, y ya había sido recordada en el pasado por grandes intelectuales, como Anatole France y León Trotski.

La sombra.– ¡Los intelectuales! ¡Ahí es nada! ¿No te da un poco de miedo tratar un tema como ese?

Sastre.– El miedo no es mi fuerte, y tú, querida sombra, deberías saberlo después de tantos años acompañándome. Hablando ahora de un tiempo anterior, no sé si te acordarás de que nosotros publicamos, a finales de los años sesenta del siglo pasado, un libro sobre los intelectuales españoles de la época, que no versaba precisamente sobre los intelectuales y los escritores y artistas del franquismo, que los hubo, como Gonzalo Torrente Ballester o Pedro Laín Entralgo, sino sobre *nosotros mismos*, quienes estábamos, más o menos, *contra la dictadura y por el socialismo*. No será malo recordar, como ilustración documental del tema de la relación entre los intelectuales españoles y el fascismo, el documentadísimo libro del profesor Julio Rodríguez Puértolas *Literatura fascista española*, en Akal, Madrid, 1986. En cuanto a nuestro librillo *La revolución y la crítica de la cultura*, produjo en su día no poco escándalo, y fueron varios nuestros colegas que montaron en cólera, y lo expresaron en artículos.

La sombra.– Entonces vimos que la vida cultural antifranquista no prometía mucho para el futuro. Revelamos la existencia de un comisariado secreto, que dictaminaba sobre el valor de los escritores, haciendo caso omiso de su valía propiamente literaria. La crítica de la cultura que se hacía en la izquierda se basaba en postulados hiperpolíticos, o bien aparecía como radicalmente estética, "obedeciendo al sistema con las formas de la rebelión", como había dicho T. W. Adorno en un trabajo sobre *La crítica de la cultura y la sociedad.*

Sastre.– Eso es muy cierto. Por lo demás, la mayor parte de los intelectuales, de los escritores y de los artistas, durante aquellos años, se inhibían de la lucha antifranquista. Luego se ha magnificado la "resistencia intelectual contra el franquismo", como en otro momento se hizo con la resistencia francesa contra los nazis. Ciertamente, la historia se ha escrito falseando los hechos. Entonces, en Madrid no éramos mucho más de media docena quienes nos movíamos muy activamente en el corazón de aquel horno y andábamos, bajo el imperio de la censura, con nuestra obra rota, visitantes forzosos y frecuentes de los siniestros despachos de la policía y de las celdas de las cárceles. ¿Cuánto nos costó, por ejemplo, que el profesor Aranguren suscribiera un documento contra las torturas en Asturias? ¡Qué difícil fue obtener aquellas firmas! ¡Y cuántos valerosos *autores* de aquellos documentos han surgido... después de la dictadura!

La sombra.– El honor de los intelectuales –como hemos dicho, tomando esa expresión enfática de los franceses de entonces– lo salvaban algunos, verdaderamente ilustres, como lo fue José Bergamín, un gran maestro.

Sastre.– Cuyo recuerdo es, ciertamente, un *a modo de nepente* para nuestro melancólico espíritu de hoy.

La sombra.– *(vuelve a recordar y exclama)* ¡Querido, admirado Bergamín! Pero también: ¡Admirable Pere Quart (Joan Oliver)! ¡Queridísimo Blas de Otero!

Sastre.– Bergamín siempre estuvo del lado de la utopía, y eso queda de él, junto a su excelente obra, por muy discutible que fuera su acrítica fidelidad al PCE en un momento grave y confuso de la guerra civil, cuyo dramatismo tan bien reflejó Ken Loach en su film *Tierra y Libertad.*

La sombra.– Es que hay que andarse con mucho cuidado en este asunto de las utopías. ¿No te parece? La utopía, sí, pero no cualquier utopía de la justicia social, ni de cualquier manera. Eso lo estamos pensando en el libro que escribíamos ahora y que seguiremos escribiendo cuando terminemos este opúsculo; en él estamos viendo que tantas utopías se trocaron en distopías, malos sueños, horrores y monstruos de la disciplina y de la organización regimentada, y ello hasta provocar en el pensamiento que nace en las universidades tesis reaccionarias como la del destino necesariamente maldito (regimentación social, pérdida de la alegría de la vida) de las utopías, como pretenden Laplantine y otros publicistas de una derecha civilizada, o de un estalinismo converso; en eso estábamos. Por lo demás, es preciso partir de que la de utopía es una noción reivindicable sólo si la recuperamos tanto del campo de lo distópico, ahora recordado, como de los territorios de la mera fantasía que relegan la utopía a "lo imposible", a lo metafísicamente imposible. Utopía es para nosotros –¿o no?– lo que *no hay...* todavía, y sería deseable que lo hubiera, y es posible que llegue a haberlo, por medio de una práctica revolucionaria de la imaginación dialéctica, y a pesar de las ideologías reaccionarias. Tengamos en cuenta que la jornada de las ocho horas, para el capitalismo, era imposible, y sólo nuncio de grandes catástrofes y casi casi del final del mundo. ¿Vamos a seguir trabajando en ello? ¿En tu libro? ¿En nuestro libro?

Sastre.– Desde luego.

La sombra.– Por lo menos, yo te acompañaré.

Sastre.– Como es tu obligación; pero no sólo eso. *(Recogiendo las velas del discurso)* ¿Sabes qué estoy pensando a propósito de las utopías? Que es interesado y cavernícola el desdén actual hacia las utopías, a las que se recluye, ya en los ensueños de Fourier, ya en "el universo concentracionario de un Gulag inhabitable", porque eso sirve –les sirve– como justificación moral y poética a esos –¡tantos!– intelectuales que se han pasado a la derecha, si es que alguna vez estuvieron en la izquierda, y ahora se dicen, sin pizca de vergüenza, portadores de un pensamiento débil, ¡y tanto que lo es!, como purga aceptada de su antiguo dogmatismo. Así, cualquier pensamiento "fuerte" –cualquier pensamiento propiamente dicho– les parece sectario y entonces, en definitiva, abominan de pensar. Asumen, con todo ello, los papeles de intelectuales áulicos, cortesanos, orgánicos, situados, por lo demás, no en las altas moradas de los palacios –salvo algunos, privilegiados– sino con la servidumbre, en los arrabales del poder económico y político, en su condición de humillados sacerdotes del pensamiento único; lo que parece ser el destino propio de eso que se llama la *intelligentsia*, y así lo ha dicho en alguna ocasión, o más bien en muchas ocasiones, nuestro ya citado y recitado Noam Chomsky, que es, hoy, una de las pocas luces que hay en nuestro camino; así como en otros tiempos hubo Jean Paul Sartre y Bertrand Russell o, más próximo a nosotros, el admirable Peter Weiss. El Tribunal Russell contra los crímenes de guerra en Vietnam fue uno de aquellos resplandores. En este momento, ay sombra mía, qué oscura está la noche. Qué poco se ve. Qué mal se ve, a pesar de las luces que encienden el siempre citado Chomsky, o James Petras, o Michael Parenti, o Michel Collon, o –en el campo del periodis-

mo- gentes como Gilles Perrault, o -en el de la sociología-
maestros como Pierre Bourdieu. Y hay más, hay más.

(Sastre ha cerrado los ojos. Su sombra decide continuar así:)

La sombra.- Siempre han sido los intelectuales una piedra de escándalo, empezando porque no es fácil definir este oficio. Sin embargo, Julien Benda tenía su idea de ellos cuando escribió *La trahison des clercs*, apuntando, en contra de lo que hoy haría yo, a aquellos intelectuales que, según él, enajenaban su obra al compromiso político. O también Goebbels sabía en quiénes pensaba cuando decía que cuando oía esa palabra echaba mano a la cartuchera de su pistola. ¿Para nosotros, querido hermano, qué son y qué deberían hacer los intelectuales? Porque también es peligroso -aunque no lo parezca tanto como la pistola de Goebbels- que nos digan, como Lenin nos dijo, que los intelectuales deben estar *en el Partido*.

Sastre.- No sé, pero para empezar es preciso reconocer que nuestro puesto en la sociedad está en el que los sociólogos llaman el "sector servicios". Gentes, pues, ajenas al mundo de la producción, de la industria y de la agricultura; al mundo de los constructores de automóviles y los productores de naranjas o de berenjenas. Gentes emparentadas, pues, socialmente, con las cuidadoras de los retretes públicos, y con los barrenderos, los vendedores de caramelos, los médicos de cabecera y los conductores de los autobuses municipales. Ese es nuestro lugar en la sociedad, amiga mía, inseparable compañera.

La sombra.- Y a mucha honra, como suele decirse. Los camareros del espíritu, los barrenderos del alma, los aviadores de la inteligencia.

Sastre.- Nosotros hacemos los artículos y las novelas que se leen bajo la sombrilla del estío; los espectáculos que se ven; las risas que se hacen en la comedia y las reflexiones patéticas de la tragedia; las músicas del concierto que escuchan inmóviles esos *seres sentados* que son el público; los cursos y las conferencias de las universidades y los demás centros culturales. Etcétera.

La sombra.– ¿Eso quiere decir que nosotros trabajamos para el ocio de los demás? ¿Que nos ocupamos de la desocupación de los demás y tratamos de ocupar esa desocupación?

Sastre.– No tal, o, al menos, no tan así; y hasta creo que en eso reside una de las diferencias que hay entre los escritores de ficciones y los artistas por un lado, y los intelectuales propiamente dichos por otro. Dicho a la buena de Dios, los artistas al ocio, y los intelectuales a la universidad y al laboratorio.

La sombra.– Pero también hay los intelectuales que *además* son artistas, y viceversa. ¿Y los dedicamos al ocio o los metemos en la universidad o en el laboratorio?

Sastre.– Los dedicamos a ser artistas del Renacimiento (Leonardo), *rara avis in terra* en el mundo de hoy.

La sombra.– ¿Y no habría que caminar en ese sentido?

Sastre.– ¿Hacia el Renacimiento? Sí, sí: hacia un nuevo Renacimiento; pero de momento hemos de contentarnos con que algunos científicos tengan veleidades literarias, y algunos artistas veleidades científicas. Desde luego, la realidad es tan compleja que se resiste a ser simplificada. ¡Así pues, nunca simplifiquemos!

La sombra.– No hemos simplificado en este caso, o, si acaso, hemos matizado a tiempo. Y, en realidad, basta con describir lo que pasa y enseguida todo se entiende bien; y lo que pasa es que, efectivamente, un estudiante es un trabajador no asalariado –al contrario, *pagante*, si no disfruta de una beca– y no un desocupado que va a las aulas a distraer sus ocios: una persona, en fin, ocupada en su formación –en el proyecto de su futura ocupación laboral en otros sectores o en el mismo (la enseñanza)–; así pues, ha quedado claro, después de estas reflexiones sobre lo obvio, que o los profesores no son intelectuales (lo que me parece un disparate) o los intelectuales no se ocupan, al menos únicamente, del ocio de los demás, como a mí me había parecido entender que tú decías hace un momento.

Sastre.– Mantengamos, pues, lo del ocio para los escritores y los artistas, aunque también valga para los conferenciantes informales que pueblan el mundo de las convocatorias en los centros culturales sin proyección académica, allá donde mucha gente va a pasar el rato o poco más. La investigación y la enseñanza son *otra cosa*, ciertamente: serias instituciones, situadas –eso sí que vale– en el sector servicios: el de la investigación de la realidad –vía científica o filosófica– y la transmisión de los saberes (enseñanza, pedagogía).

La sombra.– ¡Así quedan las cosas claras o, por lo menos, medio claras, si no es mucho pretender!

Sastre.– En fin, podemos partir de la noción de trabajo bajo el capitalismo; trabajo, enajenación. Nosotros trataríamos entonces de recuperar al ser humano de esa enajenación forzada que es el trabajo asalariado. Si a esa recuperación la llamamos ocupación del ocio social, entonces valdría esa expresión, pues lo que se llamó el "ocio noble" no es sino una forma de trabajo (trabajo libre, liberado), un desarrollo del espíritu. Aunque tampoco habrá que olvidarse de la existencia de un arte y una literatura "comerciales", entendidos para la mera diversión –*le divertissement* pascaliano, la banalización de la realidad– de las gentes; arte y literatura que no hacen sino insistir y profundizar en la enajenación de sus clientes. Es el arte de consumo; es la fabricación de *best sellers;* y son los artistas y los intelectuales que trabajan *para el sistema*, para perpetuarlo, a sabiendas o no. Por cierto que, fuera del arte y de la literatura, muchos llamados filósofos, y ahora gran parte de sociólogos, "psicólogos", y no digamos psiquiatras, trabajan para eso. Así se configura un mundo social-cultural en el que acaba resultando que creer que hay uranio empobrecido en los cielos y las tierras de Serbia, de Kosovo, de Iraq, como efecto de una guerra de agresión norteamericana, por mucho que ello sea cierto, resulta ser *una enfermedad* que padecemos –¿un delirio?–, y consecuentemente se acude a curarla: para que el paciente se dé cuenta, por fin, de que no hay tal guerra y que incluso vivimos en el mejor de los mundos posibles, bajo el imperio del humanitarismo más sensible y delicado. El enfermo ve sangre *pero no hay sangre;* el enfermo ve unos seres fantasmales tras las alambradas de la base norteamericana de Guantánamo (Cuba), *pero no hay tal cosa.* El ministro español de Asuntos Exteriores –¿un antiguo comunista?– dice que él no sabe nada al respecto. Los militares de aquella base nos dicen que aquellos presos, en realidad, están gozando de unas deliciosas vacaciones en el Caribe, como nunca hubieran podido soñar. Por su parte, los estudios de Hollywood ya están trabajando con sus artistas y sus guionistas para producir una realidad virtual que nos oculte aquellos y otros horrores. Los mejores guionistas, los mejores directores, los mejores actores trabajarán en esa magna empresa. Y quien no lo haga será, por lo menos, incluido en una lista de sospechosos de colaborar con el terrorismo.

La sombra.– Sólo sobrevivirán, tan ricamente, los intelectuales y artistas mercenarios, al servicio del Poder.

Sastre.– Tal es la cosa; pero la situación no es así de clara en general. La *intelligentsia* trabaja como una Corte que no lo fuera; sus miembros aparecen públicamente como muy celosos de su independencia y de su libertad; y en realidad es que generalmente coinciden su libertad y la ideología del Poder. El salario lo reciben por circuitos indirectos y no de modo directo de los fondos de reptiles, aunque en algunos casos, sí. Nombres yo no voy a dar aquí. Algunos porque no los sé. Otros porque no me atrevo; es peligroso.

La sombra.– Hay casos conocidos, como el de Camilo José Cela, que se ofreció como confidente policíaco durante los primeros años de la gran represión franquista.

Sastre.– Y que luego tuvo todos los honores, y hasta fue coronado con un suntuoso Premio Nobel.

La sombra.– (pensativa) Esa de los premios literarios es otra cuestión. En realidad, los premios literarios y artísticos son siempre injustos, porque raramente hay "un escritor" o "un artista" que sea mejor que todos los demás, y porque la crítica de la literatura no es una ciencia. ¿Por qué? Porque sus dictámenes no son verificables, dado que los juicios estéticos, como es sabido desde Kant, se producen en el plano de la sensibilidad, y no de la razón. Por lo demás, Cela era un gran calígrafo, y merecía cualquier premio literario, *aunque nada más.*

Sastre.– Cualquier premio literario que no tuviera entre sus presupuestos un objetivo ético, humanista y pacífico.

La sombra.– Ciertamente. Es una historia complicada la de ese premio. Tengamos en cuenta que no les fue concedido a escritores como Valle Inclán y Jorge Luis Borges. Y que lo obtuvieron gentes como...

Sastre.– Dejemos, dejemos eso. *(Pausa)* Yo me estoy preguntando qué pasa hoy en España en el plano de la cultura. Sobre los premios, ya se sabe; es una feria sin contenido cultural. Pero en términos generales, ¿qué está pasando?

La sombra.– En términos generales, la vida cultural vive a caballo entre una presunta ley del mercado (corregida por un régimen de oligopolio mediático, a medias público y privado), y el control directamente político de la vida cultural, que se hace por medio de la administración interesada de los fondos públicos. En ese marco funcionan hoy las mafias o cuadras de la cultura, que ocupan sus periódicos, sus editoriales, sus radios, sus televisiones...

Sastre.– Se ha institucionalizado aquel comisariado secreto que nosotros revelábamos en nuestro libro *La revolución y la crítica de la cultura*. Para los escritores, el sistema incluye todo el circuito, desde la edición de los libros hasta la recepción gloriosa por parte de unos "críticos" que pertenecen a la misma plantilla (quiero decir pandilla), y unas emisoras que, como quien no quiere la cosa, se ocuparán de promocionar esos libros y de silenciar todos los demás. El sistema es transparente y no se oculta; y desde él se persigue –y no sólo con el silencio– a los escritores, digamos, sediciosos.

La sombra.– ¡Ah! Es verdad eso, en algún caso. Por ejemplo, podemos recordar aquel artículo de Vicente Molina-Foix, que algún lector consideró digno de figurar en una Historia Universal de la Infamia. ¿Lo recordamos?

Sastre.– Sí.

La sombra.– Aquí está. *El País*, 22 de julio de 1997. Título: "Caza de brujas vasca". He aquí un pasaje relevante, a modo de muestra: "Aislar al asesino y a sus cómplices parece ser el punto sobre el que nos hemos puesto de acuerdo mayoritariamente, y se ha escrito más de una vez la palabra *apestado*. La propuesta –tan moralmente irreprochable– de no comprar en comercios cuyos propietarios dan con su voto la munición del crimen, como la de no participar públicamente en los actos donde acudan dirigentes de Herri Batasuna, tendría, a mi modo de ver, una extensión factible en el campo de la cultura: la peste que despide, por ejemplo, un escritor-cómplice como Alfonso Sastre debería llevar a apartarse de él en coloquios y antologías, así como a negarle los premios, subvenciones y homenajes institucionales que tanto se le han prodigado con su farisaica aquiescencia". Entonces es cuando *escribimos* aquel drama tan divertido, todavía inédito, que se titula, si mal no recuerdo, *Alfonso Sastre se suicida*.

Sastre.– Así es; y, cuando se publique, llevará un prólogo, en el que se precisa mi postura en cuanto a "la cuestión vasca", en estos términos, que aquí anticipo a modo de primicia: "Por lo que se refiere a la ciudadanía vasca actual, a la que pertenezco sin mengua de mi fidelidad y mi amor (crítico) al Madrid de mi alma, conozco a muchos vascos que no *son* españoles, pues que no se reconocen como tales, sino que *lo están:* 'están españoles', porque se ven bajo una fuerza que los obliga a ello. Esta es una verdad innegable, y, en cuanto a mí mismo, que no soy, naturalmente, un 'nacionalista vasco', tampoco soy un 'nacionalista español', lo cual, para algunos de mis críticos, me hace digno poco menos que de la hoguera". Y termino así: "Mi postura es sencilla, y se reduce a considerar que todos los ciudadanos vascos, lo mismo que sus homólogos catalanes y gallegos, que *están* pero no *son* españoles, deben ser protegidos en cuanto a todos sus derechos por una Constitución Española reformada".

La sombra.– Qué ideología tan sediciosa tenemos. Qué peste tan maloliente despedimos. Qué terroristas más peligrosos somos.

Sastre.– (ríe) Qué irónica estás, querida sombra mía. ¿Y no te ríes a veces con aquello que nos ocurrió con una periodista de *El País* (naturalmente)?

La sombra.– La periodista Aurora Inchausti nos hizo la puñeta, ya. Menos mal que el *ombudsman* de aquel periódico trató de remediar los desperfectos que nos produjo su ignorancia o su mala fe o ambas capacidades juntas. El *ombudsman*, Jesús de la Serna, a quien hemos de agradecer su intervención, lo contó en el diario (13 de septiembre de 1992), y refirió que la crónica de Inchausti sobre el estreno de nuestro drama *El viaje infinito de Sancho Panza,* en el Teatro Victoria Eugenia de Donostia, había aparecido bajo el título "Sancho Panza habla a favor de ETA en el nuevo estreno de Alfonso Sastre". "La información –lo contó Jesús de la Serna– daba cuenta de que en un momento de la obra, *cuando Don Quijote ha bajado al centro de la Tierra y Sancho Panza le pide que salga, uno de los motivos que le da para que desista de su postura es por la trinidad de la ETA*. La explicación de esta frase –seguía Inchausti, en el relato del *ombudsman*– *se encuentra en la detención de los tres jefes de ETA –Francisco Múgica Garmendia (Pakito), José Luis Álvarez Santacristina (Txelis), y José María Arregui Erostarbe (Fitti)– el pasado mes de marzo en Bidart (Francia)*". Fue una catástrofe para la gira de la compañía. En realidad, la frase era una cita literal del Quijote: Sancho despide a su señor a voces, al borde de la Cueva de Montesinos: "¡Dios te guíe y la Peña de Francia, junto con la Trinidad de Gaeta, flor, nata y espuma de los caballeros andantes! ¡Allá vas, valentón del mundo, corazón de acero, brazos de bronce!". "Era Gaeta y no ETA", explicó el *ombudsman* del periódico, Jesús de la Serna, tratando de remediar los daños causados por aquella plumífera. Gaeta era, como se sabe, en el golfo de Nápoles, el lugar de un santuario, que sin duda gozaba de grandes devociones entre los navegantes del siglo XVI, y Cervantes hizo que Sancho Panza exclamara esta invocación. Yo tomé estas y otras citas del *Quijote*, obra a la que amo sobre todas las otras en la historia mundial de la literatura. Lo que pasó entonces ¿es de reír? ¿Es de llorar?

Sastre.– A estas alturas de la historia, es de reír, sin duda. Pero entonces fue una cabronada más, que descargó su tormenta sobre nuestra agobiada vida, y nos causó serios daños profesionales y nuevos peligros.

La sombra.– Lo pasamos mal, pero en fin. Sigamos, sigamos. ¿Por dónde íbamos? Ah, sí, estábamos pensando en la vida cultural española de hoy; y no sería mala cosa que nos fijáramos un momento en ese fenómeno extraordinario que son las llamadas *tertulias*, una institución española que tiene sus más lejanas raíces en el siglo XVIII, y en los "salones" del XIX, y en las llamadas "casas de conversación" (los cafés) de aquellos tiempos; y que durante el siglo XX han sido el espacio de relación social, no sólo de los escritores, los artistas y los políticos, sino también de las gentes de clase media que encontraban en los cafés un espacio no comprometido –un lugar abierto a todo aquel que pueda pagarse un café, pero también controlable por los contertulios–, adecuado para las conversaciones libres, lúdicas, sobre los hechos y los problemas de cada día que pasa. En cuanto a las tertulias radiofónicas y televisivas españolas de hoy, ¿qué pensamos nosotros de ellas, descartando, pues, aquellas de la posguerra en los cafés? Limitándonos, decimos, a las actuales que se celebran cotidianamente en las cadenas de radio y de televisión.

Sastre.– ¡Oh, estas tertulias! Son otra nota de la misma canción, en la degradada cultura española de hoy, que no ha dejado de ser una cultura pobre, de traductores, e ignorada por todo el mundo, y que además ha terminado entregada a este mecanismo mercantil que impone las modas desde los centros europeos y americanos del poder. En realidad, sólo las tertulias tienen un aire particular, propio.

La sombra.– Un aire particularmente imbécil. ¿No?

Sastre.– Las tertulias en las cadenas de radio y de TV son, en general, desfiles de cretinos, ciertamente, glosando el título de aquella novela de C. M. Kornbluth, mejor dicho, la traducción del título al español (Ediciones Vértice, Galaxia, Barcelona, 1964), pues el título inglés es *The marching morons*, o sea, la marcha –o el marchar– de "los retrasados mentales". Valga como una metáfora para referirnos a las tertulias radiofónicas de la SER, de la COPE, de RNE, de Onda Cero, y televisivas. (Aquí en Euskal

Herria [País Vasco] hay algún oasis, que es de agradecer, como Radio Popular y Radio Euskadi, a cuyos locutores y en cuyas tertulias ¡se oye hablar razonablemente!, lo que no es poco).

Precisamente en Radio Euskadi hay un programa, llamado *Cocidito madrileño*, con música de Pepe Blanco, en el que se da cuenta de la ensalada de articulados rebuznillos que son, por ejemplo, las opiniones sobre el País Vasco de algunos periodistas que expresan su gran ignorancia o su inagotable mala fe, y en cualquier caso su extremado reaccionarismo, día tras día, en una u otra de las cadenas que acabo de mencionar. Hay, por ejemplo, ultras *enragés*, enfermos de patriotismo español, casi convulsivos cuando se refieren a Euskadi.

La sombra.– En ese marco, flotan sin embargo algunas gentes honestas, sensibles e inteligentes, que sobreviven como pueden en ese medio, supongo que con dificultades.

Sastre.– Antes de abandonar el tema de las tertulias, déjame decir aún que ellas evidencian lo peligroso que puede ser un micrófono en las manos de un cretino, cuando el tal cretino goza de total impunidad. También, recordar que sobre este tema de las tertulias se han hecho ya algunos estudios, y que por lo menos hay dos que ya han dado en el clavo de este curioso fenómeno de intrepidez de la ignorancia, a saber: una tesis doctoral –creo que no publicada– y un breve libro sobre la misma materia, ambos del joven profesor Gotzon Toral, de la Universidad del País Vasco (UPV), que concedió una interesante entrevista al diario *Euskadi Información* en 1998. En esta describió el "panorama informativo" de los últimos años diciendo que, en él, "frente a un mínimo de información veraz y contrastada se prima un máximo de opinión desaforada". Es el ámbito de esas tertulias, cuya dinámica obedece a unas "leyes de gravedad del género": la improvisación, el pensamiento rápido, el hablar sin pensar, etcétera, etcétera. Nada tienen que ver estas tertulias –"rifirrafes verbales, guirigáis, espectáculos, potpourris de rumores, simplificaciones de la realidad hasta convertirla en una mala caricatura de sí misma, especulaciones y chismorreos"– con los debates intelectuales, que son aquellos actos de alta calidad dialéctica, en los que se producen "contrastes de opiniones razonadas". Esta calidad dialéctica se da, sin embargo, pienso yo, en algunas contadas tertulias. También lo piensa sin duda el profesor Toral, pues distingue unas de otras: "las hay –dice– más abiertas y más estrechas, más ingeniosas y más apocalípticas", refiriendo él su investigación "a los modelos más extremos del género". ¡Que es lo que también hemos hecho nosotros! Toral trae a colación un término curioso –*psitacismo* (de "psittacus", papagayo, cotorra)– que él descubrió por casualidad (nos dice) en un libro de Macías Picabea publicado en 1898. Este Picabea definía el término *psitacismo* como "síndrome morboso de la idiocia", y lo encontraba en las Cortes y en el periodismo español de la época. "¿Qué son en su mayor parte sino cotorrería pura?". "Cien años después –concluye Toral en su entrevista–, en plena era de la información, las aguas del casticismo más turbio emergen con fuerza en estas tertulias". "Casticismo más turbio", que es, en fin, la sustancia de estos repelentes y avergonzantes *cociditos madrileños* (así definidos por Javier Vizcaíno en su programa mencionado de Radio Euskadi), y que son la mayor parte de estas tertulias, madrileñas, aunque su alcance sea extramatritense, general, por el sistema de conexión de las cadenas.

La sombra.– Dicho está. Y ahora, ¿te parece que abordemos un par de temas candentes de la política y de la cultura, y que digamos cómo suelen ser vistos estos temas por los intelectuales del pensamiento único y/o débil, y cómo disentimos nosotros de esa unificación homogeneizadora?

Sastre.– Vamos a ello, sin pizca de miedo, a ser posible, y que Dios nos ampare.

La sombra.– El primero es el del "terrorismo" y la "violencia". Estamos viendo cómo y con qué constancia y virulencia la mayor parte de los intelectuales y de los artistas españoles condenan "la violencia terrorista" de ETA. El que tú y algún otro no lo hagáis, como Jesús Ibáñez no lo hizo (y lo explicó) en su momento, te hace sospechoso de estar a favor de esa violencia.

Sastre.– Vamos a ver, yo respondo que no suscribo esos papeles en los que se condena la "violencia terrorista" en Euskadi, por varias razones, a saber: 1) porque quienes los suscriben no lo hacen para condenar la violencia y el terror policíacos y, sobre todo, la tortura; 2) porque no me gusta verme en la compañía de tantos cretinos y renegados que hacen su "buena conciencia" con tan poco gasto social y humano –una firmita en un papel "condenando toda violencia, venga de donde venga", y ya está; 3) porque es un tema sobre el que me he manifestado muchas veces a lo largo de mi obra literaria, dramática y de pensamiento; 4) porque el hecho de que se mantenga en la sociedad una franja de pensamiento y de comportamiento ético como esta (no participar en ese juego de los humanistas mercantiles al servicio del Poder), en la que yo me sitúo, puede facilitar en el futuro nuestra intervención en un deseable proceso de paz. Muchas veces he dicho que yo estoy contra la "pacificación" de Euskadi –recuerdo, claro está, los horrores de la *pacificación* norteamericana en Vietnam, o la francesa en Argelia–, y sí por la paz, ¡por la paz!, para la que me he ofrecido y me ofrezco a colaborar como señora de la limpieza en la habitación en la que se celebraran las conversaciones a tal fin.

Por eso mismo, veo deseable que desde aquella Herri Batasuna de nuestro próximo pasado a la Batasuna de hoy, pasando por

Euskal Herritarrok, no hayan "condenado" ni "condenen" ese tipo de acciones, por muy en desacuerdo que estén (o que estuvieran, en su caso) con ellas; y esto como cierta garantía –o, mejor dicho, como una garantía cierta– del mantenimiento de *un espacio político relativamente autónomo*; espacio que desaparecería como por ensalmo en el mismo momento de esa "condena", quedando ya Batasuna integrada, de hecho, en una de las dos partes enfrentadas con las armas (policíacas de un lado, subversivas de otro), e inutilizada a efectos de un proceso de paz. Por eso, ¡por eso!, la desaparición de Batasuna, ya por causa de su ilegalización, ya por otra circunstancia, sería una malísima noticia. ¿Por qué? Porque en ese vacío político habría de sonar entonces, desnudo, sin más y sin salida, el estruendo de la violencia y de la muerte. En ese sentido, Batasuna es una esperanza –¿la única?– para la paz en este país. Y 5), y quizás la principal razón: porque yo pertenezco al oficio de Eurípides, y no al de la Policía, ni al de los Jueces, ni al del Sacerdocio Religioso, ni al del Moralismo Universitario: ¡mucho ojo, pues, con los catedráticos de ética! ¡A veces son terribles!

La sombra.– ¡El oficio de Eurípides! Es justo lo que dices –lo que decimos– de que nosotros no pertenecemos a la estirpe de los jueces, que absuelven o condenan, sino a la de los dramaturgos, que tratan de comprender, o al menos entender, los conflictos, por graves y hasta sangrientos que sean. Pero también es cierto que nosotros mismos rechazamos (y no sólo a título personal, sino también en nuestra obra poética) prácticas como la de la tortura policíaca o el militarismo y el terrorismo de Estado. ¿Qué tiene esto que ver con el oficio de Eurípides? ¿Pero es que se puede llevar ese oficio hasta el límite de cegar las fuentes de nuestra indignación ante determinados hechos?

Sastre.– Es muy cierto que no. Nosotros hemos rechazado siempre la tortura y todos los horrores del capitalismo, y ello en nuestra vida social y en nuestra obra literaria, narrativa, dramática y lírica.

La sombra.– ¿Entonces? ¿No nos borra ello de una presunta pureza dramatúrgica? ¿Traicionamos a un personaje como Creonte –por ejemplo, como Rey, como Poder– al hacerlo así? Jean Anouilh, en su *Antígona,* dejó hablar a Creonte; no lo condenó como opresor de Antígona, a pesar de que el resultado del drama pudiera entenderse como una cierta justificación de la ocupación alemana de Francia.

Sastre.– Para mí, Eurípides, pues hemos dado en simbolizar el talante dramatúrgico en este nombre, no es un argumento para dejar de rechazar sin ambages determinadas prácticas, y no comporta una patente de neutralidad, de modo alguno.

La sombra.– ¿Y entre esas prácticas no se encuentra la violencia venga de donde venga?

Sastre.– Precisamente, no. Pensar es distinguir, y de ningún modo meter una serie de objetos, por muy parecidos que sean, en un mismo saco.

La sombra.– ¿Qué prácticas rechazamos entonces nosotros? ¿Dónde está la frontera? ¿Cuál es la diferencia? ¿Por qué?

Sastre.– La diferencia es nítida, y pone a un lado las violencias de los estados opresores y al otro las violencias revolucionarias; a un lado, las violencias de los ricos, de los fuertes, y al otro las de los pobres, de los débiles; que corresponden a la diferencia clásica entre violencias agresivas y violencias defensivas, doctrina que legitimaba el tiranicidio y la defensa violenta *(legítima defensa)* de las personas y las cosas. Nosotros no llegamos a tanto, y simplemente, a estos efectos, nos recogemos en nuestro Eurípides y en nuestras angustias y preocupaciones sobre la *violencia revolucionaria.* La práctica policíaca de la tortura tiene un lugar privilegiado entre nuestros rechazos, desde luego, y el terrorismo entre nuestros temas más delicados. Sobre todo esto, hemos escrito muchas veces. Digamos, en fin, que el terrorismo no ha merecido, entre los intelectuales españoles, una gran atención, ni filosófica ni poética (ni siquiera política). Tampoco la tortura policíaca, que se ha vivido en general con culpable indiferencia. En ese sentido, la literatura española ha vivido, después de la hiperpolitización de algunos de aquellos escritores (tampoco deseable) durante el franquismo –con desdoro, generalmente, de la calidad literaria–, el triunfo de los "calígrafos" sobre aquellos "contenidistas" (son términos de una polémica italiana, que se produjo en vida de Gramsci), dos posiciones igualmente erróneas, como digo. El caso es que los escritores, definitivamente, *pasan olímpicamente* de estos temas, lo que no sé si es peor que caer en la tentación moral de las buenas intenciones sociales, con mengua de la calidad poética.

La sombra.– Nosotros hemos intentado siempre acceder a ese punto en el que la poesía y la ética política coinciden, y esos grandes temas han sido abordados por nosotros con ese doble talante ético-poético. ¡Esa es la verdad!

Sastre.– De ese modo abordamos, ya en 1949, el tema del "terrorismo", y luego hemos insistido tanto en él como en el de la tortura; y esto tanto en la literatura como en el teatro; y asimismo en nuestra vida social y política. Por cierto, que en algún momento de tantos, yo dije algo que muy bien se puede recordar hoy, y que siempre viene a cuento cuando oímos las opiniones bienpensantes "contra el terrorismo"; y es que se llama terrorismo a la guerra de los débiles, y guerra –y hasta "guerra limpia"– al terrorismo de los fuertes. ¿Qué te parece?

La sombra.– Obvio, maestro, obvio. Y nosotros lo dijimos otra vez en nuestro artículo que tú escribiste (y yo contigo) mientras se estaban derrumbando las Torres Gemelas de Nueva York y una parte sustanciosa del Pentágono, aquel 11 de septiembre del año pasado. ¿Lo reproducimos en este momento?

Sastre.– No es mala idea. Vaya, pues.

La sombra.– Se publicó al día siguiente en el diario vasco *Gara*, y helo aquí:

ALGO TERRIBLE PERO NADA NUEVO

Este ataque militar (porque su envergadura indica una organización militar) a los Estados Unidos, sean quienes sean sus autores, y siendo una operación literalmente *horrible*, que arrojará seguramente cientos o millares de víctimas civiles, no es, sin embargo, más horrible que los ataques que los Estados Unidos y sus aliados realizan como modos habituales de su política internacional: se bombardean las ciudades, y se hacen víctimas civiles, y se apuntan como "daños colaterales" todos los horrores producidos por acciones que se reivindican como militares y "antiterroristas". Las casas se derrumban, los hospitales y las escuelas reciben las cargas explosivas, las gentes mueren en una atmósfera de horror. Recuérdense Hiroshima y Nagasaki.

Igual que esta tarde, tan horrible como tantas otras, está ocurriendo, por primera vez en Estados Unidos, mil veces ha ocurrido en otros lugares, y sigue ocurriendo, por ejemplo, en Iraq, cada día que pasa, sin que nada se mueva para protestar por ese horror. Como está ocurriendo –¿desde cuándo?, ¿hasta cuándo?– en Palestina, donde las piedras de la intifada reciben cada día la respuesta de grandes bombardeos "militares", y centenares de muertos.

Es terrible que las cosas sucedan así. Es terrible que, según parece, no puedan suceder de otra manera; pero la verdad es que no se puede seguir manteniendo en el mundo la doble idea, cínica e hipócrita, de llamar terrorismo a las guerras de los débiles, y guerras –y hasta guerras limpias– al terrorismo de los fuertes. En realidad, todas las guerras son terroristas. En este caso parece que los débiles han mostrado una terrible fuerza, y pienso que en una gran parte del mundo, la siempre oprimida y sometida a todo tipo de miserias y vejaciones, se pueden estar celebrando en estos momentos los horrores de esta tarde como una expresión de Némesis o de venganza, de un terrible equilibrio del horror.

¿Y qué va a pasar ahora? Produce pavor pensarlo; y uno añora desde hace tiempo (cuando ha visto que las piedras eran respondidas con acciones acorazadas), aquellos felices tiempos de la Ley del Talión, cuando tan sólo se cobraba un ojo por cada ojo que se reventaba, y un diente por cada diente que se rompía. Nosotros, hoy como ayer, escritores, artistas, intelectuales, desde nuestra terrible impotencia, sólo podemos seguir clamando por la paz, que es lo mismo que clamar por la justicia frente a las imposiciones de los poderosos. ¡Que haya paz entre los pueblos!, es nuestro profundo clamor.

11 de septiembre de 2001

Sastre.– Horror y terrible y horrible son palabras que se repiten demasiado a lo largo del texto. Tendríamos que corregir eso.

La sombra.– No se corrige la verdad; déjalo así. Así fue.

Sastre.– ¡Así fue; es verdad! ¡Es un acontecimiento y no una rosa! ¡Un puñetazo y no un poema! Sigamos, pues. ¿O acabamos ya aquí?

La sombra.– No, no. Ahora nos queda el otro tema; el del "nacionalismo", desde un punto de vista teórico. Teniendo en cuenta que los intelectuales españoles de hoy, aun los que no lo saben, son altamente patriotas, y se mantienen en posiciones teóricas análogas a las que mantuvieron José Antonio Primo de Rivera y sus ardientes falangistas, la tuya –tu posición– en Euskal Herria –ciudadano vasco y votante de Herri Batasuna– ha sido mal considerada, y acaso por eso, sastrecillo, gozas desde hace años de un dorado ostracismo. ¿Hay algo que decir sobre eso?

Sastre.– Creo que sí, vamos a ver. *(Pensativo)* Ciertamente... Los intelectuales del pensamiento único... ejem, ejem... son *antinacionalistas* y *cosmopolitas*... y les parece anacrónico y torpe el que alguien sea, hoy en día, *un patriota*. ¿Es así?

La sombra.– Es así. ¿Y nosotros?

Sastre.– Nosotros no lo somos, ni de la españolidad ni de la euskaldunidad. Pero sí entendemos y apostamos por el patriotismo de las pequeñas naciones que desean autogobernarse. Para nosotros, para ti y para mí, el peor enemigo de la vida es la homogeneidad. La cultura es una actividad que se opone a que nuestra realidad se convierta en una sopa entrópica. La entropía significa el desorden que es la base de la muerte. La entropía significa –¡es!– la muerte. El cosmopolitismo es una apuesta por la desaparición de los pueblos y de las naciones y de las lenguas, y eso es, ni más ni menos, la muerte. El pensamiento único y el lenguaje único sólo producen ridículos espantajos, equivalentes, *a contrariis*, a los del casticismo sainetero, a los del pintoresquismo. Nosotros hemos abominado siempre tanto del casticismo como del cosmopolitismo, y tanto del pintoresquismo como del Estado Único Mundial, que aparece en algunas distopías famosas. La lengua única, el pensamiento único, son homenajes al esperanto y a la cocacola, a la planitud –al encefalograma plano– propia de la idiotez.

La sombra.– Pero vamos a ver si lo que dices, si lo que decimos, es que *todo lo único es malo* o negativo o como queramos decirlo.

Sastre.– Así parece.

La sombra.– ¿Allá donde no hay diferencias aparece la muerte? ¿O incluso la falta de tensiones, de niveles, de oposiciones, *es la muerte?* Pero entonces, ¿adónde vamos con la clase única, o sea, con la "sociedad sin clases" de la utopía comunista? ¿No sería definitivamente el final de la dialéctica y, por tanto, el final de la historia? ¿Habría que refugiarse en las diferencias culturales, nacionales, para salvar la vida de la especie humana contra la entropía? Pero, no habiendo clases, ¿habría, sin embargo, naciones? ¿No se hundirían las diferencias culturales y nacionales con la desaparición de las clases? La desaparición de las clases, ¿no sería una gran catástrofe? ¿Y no es por eso por lo que nosotros, en la cuestión de las naciones, apostamos por las diferencias y su reconocimiento político? Y, siendo así, ¿cómo es que, en la cuestión de las clases, apostamos por su desaparición, o sea, "por una sociedad sin clases"? ¿No sería, pues, mortal que las clases desaparecieran? ¿No sería, por lo menos, muy aburrido? ¿No sería, en fin, una utopía distópica? ¿No será verdad, como siempre han afirmado los anticomunistas, que el comunismo *es la muerte?* Pues, ¿qué diferencia hay o puede haber entre una sociedad sin clases y una sopa entrópica? ¿Pero qué pasa aquí? ¿Es que nosotros defendemos todas las diferencias *menos las de clase?*

Sastre.– Aventuro yo que nosotros apostamos –como comunistas– por las diferencias culturales –popular/nacionales–, ideológicas, y contra las económicas. ¡Ni más ni menos! Contra las clases, precisamente para que ello haga posible que florezcan mil flores, y mil lenguas, y mil cocinas, y mil formas de vestir, etcétera. Querida sombra, el comunismo como proyecto, o es una carga enorme de antientropía –de entropía negativa–, de liberación, o no es nada. En todo caso, en el comunismo, o surgirán nuevas y muy potentes contradicciones –que yo imagino espirituales y metafísicas y poéticas–, o se habrá acabado efectivamente la Historia, aniquilada y disuelta en lo que venimos llamando *una sopa entrópica.* Desde nuestro punto de vista, el comunismo no es concebible como aquel momento en que los protagonistas de un emocionante relato se ponen a "comer perdices"... y se acaba el cuento. ¿Quizás será que "se acaba el cuento" *y empieza la historia?*

La sombra.– Tampoco te pongas tan estupendo, que nunca se sabe.

Sastre.– Lo que sí se sabe es que nosotros no podemos rechazar los pequeños patriotismos en función de una mundialización que, definitivamente, no será sino el patriotismo de una gran potencia, constituida en Imperio. Nosotros *hemos pensado* en esto, y hemos decidido atacar críticamente las fortalezas del peor chovinismo que hay, y que es el "chovinismo de gran potencia".

La sombra.– ¡Peligro! ¡Ojo! ¡Acabas de citar a Lenin!

Sastre.– Que avisó certeramente sobre ese tipo de chovinismos, que se imponen ocultándose –diciendo que los chovinistas *son los otros–* o bien incluso ignorándose a sí mismos como tales nacionalismos extremados y xenófobos, y que emplean sin piedad a su favor la "fuerza de un gigante" (glosando a Shakespeare) que ellos poseen en su calidad de grandes potencias, al menos relativamente hablando, para someter a su dominio a pequeñas naciones. Es la historia del colonialismo, explícito o larvado, del imperialismo en sus distintas formas y etapas. Para los doctrinarios políticos de estas empresas históricas de dominio y para sus cómplices intelectuales, los pequeños nacionalismos –hasta en su forma meramente "nacionista" y cultural– son un arcaísmo aldeano, una rebaba del pasado, una ridícula petulancia propia de esa *pequeñez,* gentecillas que se creen dignas de tener un Estado, ¡nada menos!, tan "grandes" y "mundiales" se sienten a la sombra de su pequeño campanario. Pero nosotros pensamos en la legitimidad de que los pueblos pequeños ansíen autogobernarse, y estimamos que ese deseo trabaja a favor de la variedad y, por ende, a favor de la vida y de la riqueza espiritual. En ese sentido, cada lengua que desaparece es una catástrofe. Cada pueblo que se esfuma en la homogeneidad es una catástrofe. Cada vez que se abre un restaurante de McDonald's en Indonesia o en Arabia Saudita es una catástrofe. Pero aún más, cada vez que un congolés se toma una cocacola es un catástrofe, o, mejor dicho, *ha habido –está habiendo– una catástrofe.*

La sombra.– Pero también, cada vez que surge o resurge un nacionalismo fascista –por ejemplo, el Frente Nacional en Francia– ha habido en ese país, o está habiendo, una catástrofe intelectual y moral, que es aprovechada por el pensamiento reaccionario para bombardear la legitimidad de las reivindicaciones nacional-populares. Incluso cuando no son todavía "catástrofes", esos movimientos neofascistas son, por lo menos, malas noticias.

Sastre.– ¡Y que lo digas! Personalmente, yo preferiría, y espero que también tú, sombra mía, que el término "nacionalismo" desapareciera del vocabulario de quienes legítimamente reivindican el autogobierno para sus pequeñas naciones; tan manchado de mierda y sangre quedó ese término después de las apropiaciones nazi-fascistas. Pero reivindicaría el concepto de Patria –o de Matria– en el sentido en que los cubanos alzaron su revolución al grito de: ¡Patria o Muerte!, frente al imperialismo norteamericano.

La sombra.– Así es que, sobre todo si tenemos en cuenta recientes reflexiones teóricas al respecto, no es preciso acudir a la metáfora de la entropía para defender la existencia de las naciones –y las reivindicaciones patrióticas– como elementos del progreso de las sociedades y del fenómeno humano en términos planetarios o globales, amenazados precisamente por la globalización de la cocacola, hoy administrada por este Bush Jr., arquetipo de lo indeseable para la dignidad humana. Las naciones como ingrediente del progreso, y aun de una revolución futura, se defienden solas.

Sastre.– Es lo que hace más ridículo el papel de los intelectuales como agentes de un cosmopolitismo abstracto, clamorosos en su rechazo de las fronteras y de las banderas como "residuos del pasado", tomando de las fronteras –en su declarado humanismo progresista– lo que ellas tienen de policía, y de las banderas lo que ellas tienen de trapo, lo que oculta el fondo reaccionario de ese pensamiento cosmopolita, que de hecho trabaja a favor de lo que está pasando bajo la dirección del Imperio: la norteamericanización cultural, económica y política del planeta.

La sombra.– Así pues, los intelectuales españoles mundialistas, enemigos de las fronteras y de las banderas, "humanistas", enemigos abstractos de la existencia de las naciones (y patriotas vergonzantes, que entran en éxtasis cuando gana el equipo de España un partido internacional), trabajan al servicio del Imperio, aunque no cobren directamente de su Fondo de Reptiles. ¿Queremos decir eso?

Sastre.– Queremos decir eso, justamente, dado que las naciones que no han dimitido de su propia existencia, son hoy baluartes de resistencia contra las operaciones mundiales del Imperio. Resistencia cultural y política contra la "cocacolización" de sus pueblos y de sus estructuras.

La sombra.– Esas naciones, pocas, están en la base social y popular de los estados "golfos" o "delincuentes" o "canallas", hoy amenazados por el Imperio con todo el magno aparato destructivo de que disponen. Miremos a Iraq. Miremos a la ex Yugoslavia. Miremos a Afganistán. Es un museo de los horrores, al servicio de la mundialización. Escucha, sastrecillo: ¿no empleamos demasiado la cocacola en nuestra dialéctica?

Sastre.- No estamos solos en el uso de esta metáfora. Lee, por ejemplo, este artículo que Bernard Cassen publicó en *Le Monde diplomatique* (marzo de 1998). En él, su autor se refiere a un libro de Philippe Labarde y Bernard Maris, *¡Dios mío, qué bonita es la guerra!* (Albin Michel, París, 1998), donde se hallan opiniones como la siguiente: que la mundialización arrastra consigo simultáneamente la uniformización cultural del mundo (Coca-Cola, McDonald's, etcétera), y el aislamiento (¿o compartimentación?: *cloisonnement)* de los seres humanos, "porque el mercado mundial exige la guerra entre cada categoría socioprofesional [...], entre las ciudades (lo que es bueno para una, es malo para otra), entre las regiones, las razas y los sexos", es decir, entre las agrupaciones de los campesinos, de los funcionarios, de los cuadros, de los jubilados, de los ciudadanos laboralmente activos, de los parados, de los negros, de las mujeres, de los jóvenes, de los camioneros; fenómeno de fragmentación ante el cual la mejor medicina sería la existencia y la actividad de las verdaderas naciones –los "nacionismos" *(sic)*, si por fin se decide expulsar el término "nacionalismo", definitivamente, del ámbito de las actividades humanas deseables–; y así las naciones, grandes y pequeñas, serían verdaderamente aglutinantes contra esa fragmentación "entrópica", que en el libro que estamos citando, y en la lectura de Bernard Cassen (atención a los humanistas de cuatro perras para los que las naciones son calderilla del pasado), podría describirse tal como ya es visible y perceptible en el estado actual de la "mundialización": "Inseguridad generalizada, guerra de cada uno contra cada uno (o sea, de todos contra todos), desigualdades crecientes, banalización cultural, pérdida de todos los cuadros de referencia, soledad en medio de la muchedumbre", que, según lo que nosotros mismos observamos y observan estos autores, "es el balance provisional de la mundialización, bajo la égida del capitalismo planetario y para su único provecho", lo cual, en fin, no debería ser objeto —dada su evidencia— de discusión alguna. Ante este panorama, la nación, desde luego, no deja de ser un concepto ideológico portador de elementos peligrosos, puesto en manos de los fascistas que siempre hay; pero, "aparte de la nación, ¿qué recurso nos queda –dice Emmanuel Todd (*L 'illusion économique. Essai sur la stagnation des sociétés développés*, Gallimard, París, 1998)– frente a la barbarie de la mundialización?". En este libro suyo, Todd dice –y Cassen nos lo recuerda– cosas como estas, que yo me permito citar por extenso: "Ultraliberalismo y europeísmo, aparecidos en los años '80 (del siglo XX, claro está) para dominar la imaginación de los estratos superiores" y, por ende, de los intelectuales y artistas "de las sociedades occidentales, tienen en común negar la existencia de las naciones" y no digamos de las naciones sin estado, "y no definir en adelante entidades colectivas verosímiles. [...] El rechazo de la nación se expresa aquí, *hacia arriba*, por un deseo de disolverla en entidades de orden superior, ya sea Europa o el Mundo; pero también puede volverse *hacia abajo*, exigiendo entonces la fragmentación del cuerpo social". Estamos –dice Todd refiriendo una idea de Pierre-André Taguieff (*Du front national*, París, 1997)– ante "el antinacionalismo de las elites", ¡y ahí están los intelectuales y los artistas cortesanos!, "que conduce al completo poderío *(à la toute-puissance)* del capitalismo mundializado".

Para Todd, "este análisis conduce [...] a ver en el librecambismo el mecanismo fundamental de la destrucción de las solidaridades y de todo sentimiento de pertenencia colectiva" (lo contrario, pues, de lo que postulan esos cosmopolitas de tertulia, que atribuyen a la existencia de una pequeña nación como Euskal Herria ser la semilla de todos los males), "falto del cual, el individuo queda aislado en su miedo" a la desaparición de todo con la propia muerte, puesto que la nación sería una especie de "estructura de eternidad", que garantizaría "la capacidad de perpetuarse más allá de la vida individual".

La sombra.– No sé; yo creo que un apátrida puede combatir ese miedo y descansar de tales angustias en lo que acaso sea el alcaloide de la nacionalidad, la lengua.

Sastre.– Que entonces es su patria.

La sombra.– Otros y tú habéis hablado alguna vez en esos términos. Nosotros lo hicimos cuando nos vimos extrañados de España y todavía extraños en Euskadi, y solos en Burdeos. Y nos recostamos al abrigo de nuestra lengua, y descansamos en ella, como niños recién nacidos.

Sastre.– Hablando de las ideas de Todd (y no particularmente de esa de la nación como "estructura de eternidad", consoladora y defensiva, sino de las que se refieren a las críticas al librecambismo y a la "mundialización"), Bernard Cassen nos cuenta, en el artículo que estamos citando y comentando, que tales ideas han sufrido caricaturas y silencios "en la mayor parte de los media" franceses, dado que "eso –el librecambismo, como credo central del ultraliberalismo– no se discute en Francia". Y se comprende que el Poder esté interesado en que no se pongan en cuestión las bases de su estrategia mundial, a pesar de lo cual economistas sagaces e independientes ya mantienen con fuerza tesis como la que Todd formula con las siguientes palabras: "el librecambismo no aumenta la riqueza global del mundo, y además constituye el principal motor del crecimiento de las desigualdades en el seno mismo de las naciones".

La sombra.– Ya hoy también se discute en Francia –y en todas partes– sobre la mundialización, como suelen decir los franceses, o la globalización, que es el término acuñado en los EE.UU., y se critican y denuncian sus objetivos de dominio mundial por parte del Imperio.

Sastre.– En realidad, contra la globalización en tanto que estrategia del neoliberalismo y, como dice Petras hablando en plata, o sea, claramente, *del Imperio*, el pensamiento "rojo" –¿lo decimos así?– tiene sus propias armas, que son el internacionalismo y la solidaridad. Tal es nuestro modo de entender la mundialidad de los pueblos. Nuestra globalización o mundialización –la que nosotros preconizamos y defendemos– es, pues, el internacionalismo: una noción que postula y desea y defiende la existencia y la variedad de las naciones (internacionalismo, no anacionalidad) y de las diferentes culturas, y la práctica patriótica y revolucionaria de la solidaridad social. Déjame soñar: estas han de ser, en el futuro, y en el marco de un socialismo libertario, pilares maestros de la edificación de las sociedades humanas.

La sombra.– Profético estás.

Sastre.– Pero también pensativo; y ahora doy con una noción de Martin Heidegger que me aclara a mí mismo mi propio rechazo de la "homogeneización", aquí expresado como una base de mi aceptación de los movimientos patrióticos, de mi solidaridad con algunos de ellos, e incluso de mi entusiasmo, cuando van acompañados de propósitos revolucionarios en el orden social (izquierdas patrióticas). La he encontrado –esta noción que digo– en el libro, todavía inédito, de Montserrat Galcerán Huguet *Silencio y olvido. El pensar de Martin Heidegger durante los años '30;* y es la de *Gleichschaltung*, que expresaba una apuesta heideggeriana y "nacionalsocialista" *(nazi)* por la unificación (homogeneización) de las instituciones alemanas, al servicio del propósito político nacionalsocialista. Frente a tal ideología se refuerza el pensamiento que postula la diversidad y la diferencia, en términos "nacionales" u otros. El nacionalismo *nazi* fue una de las enfermedades más graves que ha sufrido el patriotismo como actitud humana ante −contra− las opresiones de la historia.

La sombra.− Nosotros escribimos sobre *Guillermo Tell.*

Sastre.− Es un buen ejemplo mítico; pero volvamos al nazismo, cuya organización presentaba una doble *facie:* 1) la de una defensa nacionalista de lo germano como una entidad diferente (nacional) y superior, en tanto que raza y que lengua (¡con la alemana sólo podría compararse la griega!), a la de las demás culturas; y 2) la de una afirmación caudillista de la unidad interior de las instituciones alemanas −¡*una* nación!−, análoga a aquella que impusieron los Reyes Católicos bajo el lema de que la unidad hace la fuerza y de que "la lengua es compañera del Imperio", que se debe a un gramático, Antonio de Nebrija, que no por eso dejó de tener sus problemas y de sufrir sus persecuciones. Precisamente, el patriotismo legítimo de las pequeñas naciones, administradas por otras más grandes y poderosas, se ve reducido a mínimas expresiones (cuando no aniquilado), en el marco de los nacionalismos chovinistas de la gran potencia que se reafirma sobre la homogeneización de los territorios sometidos a su imperio administrativo, e imputado −oh, paradoja− de *nazismo*, tratándose en verdad de legítimos patriotismos de pequeñas naciones que tratan de liberarse de las opresiones que sufren.

La sombra.− Hay, pues, nacionalismos y nacionalismos, aunque eso no sea mucho decir.

Sastre.− Es bastante decir; y no es una obviedad sino que apunta al diagnóstico de las enfermedades del patriotismo, a saber: 1) el chovinismo (más pernicioso en las grandes naciones, pero también detestable en las pequeñas); 2) el nacionalismo propio de los fascismos (fascistas, nazis, falangistas, etcétera), que apunta a una rígida homogeneización *(Gleichschaltung)* interior para exaltar la fuerza exterior como potencia respetada y hasta temible –¡*España Una!*– en el mundo; 3) el Imperialismo de las grandes potencias o propiamente dicho: afirmaciones hipernacionalistas, mantenidas con frecuencia por regímenes formalmente democráticos, cuyo nacionalismo funciona "hacia el mundo exterior", y, en el interior, admiten ciertas complejidades o autonomías administrativas locales, de tal modo que el conjunto *es*, por ejemplo, ¡América! (Es el gran "patriotismo norteamericano", plagado de banderitas con barras y estrellas y de manos sobre el corazón y lágrimas ante el himno de la Unión). En cuanto a su "actitud hacia el exterior", como decíamos, recuérdese la apología por los norteamericanos de lo que llamaron su "Destino Manifiesto", en otro momento histórico, y que condujo al genocidio de las poblaciones indígenas y a la ocupación de extensos territorios (un ejemplo cualquiera: el de Texas, y el "patriotismo texano" fabricado al respecto, en una generación, como una etapa necesaria para la incorporación de la inventada República de la Estrella Solitaria a, naturalmente, *¡la Unión!*). Hoy es el llamado Nuevo Orden Mundial, como vehículo político-militar del "Modo de Vida Americano", óptimo, indiscutible y deseable para el conjunto del planeta. Imperialismo es un término que se puede barajar, históricamente, con los de colonialismo y neocolonialismo, siendo este último una de las formas no declaradas –aunque muy visibles– de las dominaciones a que han sido sometidas, a lo largo de la historia, grandes áreas del mundo.

La sombra.– Yo entiendo que los patriotismos, incluso los más legítimos, comportan siempre una tensión entre el gozo y el sufrimiento, entre el amor y el odio, y que algún día (utópico) esto dejará de ser así, cuando deje de tener sentido el carácter "militante" de los patriotismos que podríamos llamar de liberación (¡Patria o Muerte!). Ese día utópico, el componente militante –y hasta guerrero– del patriotismo ya no será necesario, y eso indicará, por sí solo y elocuentemente, que ya vivimos –viven, quienes vivan entonces– en una sociedad realmente nueva.

Sastre.– Has dicho bien; y la Patria será entonces la casa indiscutible de cada uno, establecida, edificada, en un territorio de libertad y de justicia (o sea, de paz), y tendrá que ver con el lenguaje y con la tierra.

La sombra.– El lugar que se halla a la vuelta de nuestros viajes –¿Ítaca?–, y en el que uno se encuentra bien en su casita y a resguardo del ogro; allá donde uno se quita los zapatos, y saluda al tabernero por su nombre; allá donde uno acaricia a su perro; allá donde uno reconoce su lugar aunque haya nacido en otro.

Sastre.– Pero también la patria será entonces, sin necesidad de reivindicarla patéticamente con la voz de los inmigrantes sin techo, todo lugar hasta entonces extraño en el que un día nos paramos –¡aquel *paraje!*–, y que, al mirarlo, se nos hace tan familiar que nos impulsa a exclamar de pronto, con el corazón en la mano: ¡Qué bien se está aquí!, como suspiraron aquellos discípulos del Evangelio, que propusieron elevar en el Monte Tabor su tienda para siempre. Aquel lugar será la tierra de cada cual que así lo decida; será su propia patria, adoptada ceremonialmente en el mismo acto de la feliz exclamación.

La sombra.– Es bello eso del Monte Tabor. Ya lo hemos citado en otros momentos. *(Pensativa)* No sé, no sé. A mí me parece que todavía es posible aclarar un poco, en términos teóricos, esta paradoja de los fascismos, en el sentido de que son movimientos, a la vez, altamente nacionalistas y furibundamente antinacionalistas.

Sastre.– En realidad no hay tal paradoja sino que es una obviedad, puesto que todo nacionalismo extremado es, naturalmente, por su propia esencia, a la par, afirmador y exaltador de la nacionalidad propia, y negador o vituperador de las ajenas, en distintas formas y con diferentes matices. ¿Estamos en ello?

La sombra.– Sí.

Sastre.– Y lo estamos porque vemos que los fascismos en general son (y el nazismo en particular lo fue, ario-germano) movimientos patrióticos que, o bien niegan la existencia de otras naciones, sobre todo las pequeñas y sin Estado, o bien acusan de malicia y perversidad a aquellas cuya existencia admiten, ya tengan Estado –como el nacionalismo francés cuando atacaba, despreciaba y vituperaba *a los boches*[1]–, ya no lo tengan, como el nazismo cuando trató de extirpar la *nación judía*, anteriormente a la existencia del Estado de Israel.

La sombra.– Así yo entiendo –¿y tú?– que los fascismos en general niegan sobre todo la existencia de naciones en el interior de las fronteras políticas que delimitan los territorios administrados por el Estado fascista (o nacionalsocialista), concebido este como la expresión política de una Unidad Nacional; y proclaman, tremolando su gran bandera, su propia existencia como Nación (Estado-nación) diferente de todas las exteriores y mejor que ellas.

Sastre.– Homogeneidad para el interior, heterogeneidad hacia el exterior.

La sombra.– Cierto. Es un Estado que afirma su propia homogeneidad "nacional" –la uniformidad de su interior–, su "unidad metafísica".

Sastre.– José Antonio Primo de Rivera, el fundador de la Falange Española, afirmaba y exaltaba "la eterna metafísica de España", aunque también matizó su idea definiendo España como una "unidad de destino en lo universal".

La sombra.– En todo caso, una "vocación de Imperio", frente a un exterior vivido como enemigo y amenazante, o como incivilizado y colonizable.

---
1 Nota de la E.: apodo dado a los alemanes en la jerga popular francesa.

Sastre.– En cualquier caso, el exterior es mirado con una agresiva gallardía.

La sombra.– Superioridad, racismo, xenofobia.

Sastre.– Exaltación "patriótica" de los propios valores contra las otras naciones, tanto exteriores –*Algérie française!*– como interiores –*¡El País Vasco es España!*–, y ello conduce a la perpetuación de problemas que de otro modo se resolverían de un modo razonable.

La sombra.– Las consecuencias de estas confrontaciones son, a veces, terriblemente trágicas.

Sastre.– Tal fue el caso del nacional socialismo, sistema cuya "homogeneización" del interior se produjo en términos de "solución final", mediante los hornos crematorios; y la del exterior en los de ocupación y conquista (como la incorporación de Austria al III Reich).

La sombra.– ¿Y acabamos aquí? Yo te pedí que hablaras, y ahora te invito al silencio.

Sastre.– ¿Cómo empezó la cosa?

La sombra.– Apropiándome yo de unas líneas de *El viajero y su sombra*, de Nietzsche.

Sastre.– Cierto.

La sombra.– "Hace mucho tiempo que no te oigo hablar; ahora te ofrezco la ocasión para que rompas ese silencio tuyo".

Sastre.– Y roto está. Sólo que aún quedan algunos flecos muy visibles, por aquí, revoloteando, porque no hemos definido, ni malamente, a los intelectuales y a los artistas, objeto de nuestra reflexión, ¿y para qué dejarlo así, como si eso fuera tan difícil? Gramsci lo dijo muy bien y muy sencillo: que intelectuales son todos los seres humanos, y que cuando hablamos de intelectuales en su sentido particular nos referimos a la función específica que algunas personas cumplen en la sociedad.

La sombra.– ¿La función de pensar? ¿Todas las personas piensan pero algunas se dedican a eso?

Sastre.– Es lo que dice Gramsci, para en otro momento referirse a aquellos que piensan orgánicamente, al servicio de un partido o del Estado. Yo lo diría con otras palabras; pero es lo mismo.

La sombra.– ¿Entonces?

Sastre.– Los intelectuales son los profesionales de la opinión (y actúan como creadores de opinión), de la crítica (y son críticos sociales) y de la exploración de la realidad por medio de la inteligencia y de la experiencia organizada para eso (y son filósofos y científicos).

La sombra.– ¿Y los artistas? Quiero decir: los escritores de ficciones, los dramaturgos, los músicos, los pintores, etcétera.

Sastre.– Ellos son –somos– profesionales de la sensibilidad. Así de sencillo. Pero también capaces de comprometer su obra –nuestra obra– en una lucha política, revolucionaria.

La sombra.– Expresión en desuso: los escritores *engagés* del siglo pasado.

Sastre.– Es igual la palabra. ¿Valdría "implicados"? Pon la que quieras y vincula tu obra a un proyecto utópico. Eso es todo.

La sombra.– Estoy pensando en lo que has dicho. La inteligencia de los intelectuales. La sensibilidad de los artistas. ¡Pero los intelectuales también son sensibles y los artistas también son inteligentes!

Sastre.– Sí, sí, claro, pero como todo el mundo.

La sombra.– Creadores de opinión, dices. Pero ahora la opinión se crea en los laboratorios del sistema.

Sastre.– Por los intelectuales orgánicos del neoliberalismo; es cierto.

La sombra.– Vivimos en un momento bajo de la inteligencia y de la sensibilidad.

Sastre.– También es cierto. Un momento de gran degradación, en el que muchos intelectuales y artistas se agrupan bajo las banderas del partido que hay en el gobierno y se instalan tan ricamente en el pensamiento único, diciéndose, sin embargo, independientes. Esa es una de sus mentiras. Son monótonos. Dicen siempre lo mismo y todos por igual, "a la mayor gloria de la democracia". Forman una sopa "humanista" casi repugnante. Es la sopa de la hipocresía y del oportunismo.

La sombra.– Es verdad, maestro. Según el botón que les toques replican como maquinitas que "vivimos en un estado democrático de derecho", que "España es una e indivisible, y que cualquier otro proyecto es una idiotez antigua"; que "la policía y la Guardia Civil tratan con extremada cortesía a sus detenidos" (que luego, extrañamente, acaban en el hospital), y que "sólo los terroristas dicen lo contrario". Etcétera.

Sastre.– Pero también hemos aprendido una cosa.

La sombra.– Dila.

Sastre.– Que era una mentira que la inteligencia y la sensibilidad fueran patrimonio de la izquierda.

La sombra.– Nosotros lo sabíamos desde siempre. Sabíamos desde siempre que Balzac era monárquico, y que Céline y Pound trabajaron para el nazismo y el fascismo, y que Chesterton y Claudel eran católicos y políticamente conservadores. La derecha siempre ha tenido sus artistas que la izquierda ha ignorado.

Sastre.– Nosotros, en este diálogo, nos interpelamos a nosotros mismos y a quienes todavía se dicen *de izquierda*; que, por cierto, es una noción a discutir en otro momento. Pero ha de constar que, contra lo que pensaban los falangistas y los fascistas en general, *hay derechas e izquierdas*, aunque actualmente el campo de la izquierda haya quedado tan reducido que en ocasiones parezca inexistente.

La sombra.– ¿Pues cómo definiríamos hoy lo que es *un intelectual de izquierda?*

Sastre.– Intelectuales y artistas de izquierda son hoy quienes estén dispuestos a suscribir un manifiesto (o algo así) contra el silencio de los corderos, sobre las siguientes bases, más o menos: por la desobediencia civil hasta el grado de la sedición; por una utopía revolucionaria, libertaria y socialista; por que, algún día, sea una realidad aquello de: de cada uno según su capacidad; a cada uno, según sus necesidades (o sea, el comunismo, la sociedad sin clases).

La sombra.– ¡Hay que soñar!

Sastre.– Habrá que pensar, sobre todo, en la diferencia que hay entre hacer un gesto visible, más o menos ampuloso, y volverse a su casa, y la decisión de salir valerosamente a la calle, a pelear. Chomsky dijo en algún momento la diferencia que hubo, por ejemplo, entre Einstein y Russell; aquel firmaba por la paz, y eso era todo (el pacifismo); este salía a luchar y se pringaba en la lucha. Por eso aquel siguió gozando siempre de su gran prestigio, intocable, y este fue objeto de los más fuertes y perversos ataques. Aquel era un anciano glorioso. Este, un viejo gagá.

La sombra.– (ríe) ¿Fue así?

Sastre.– (ríe también) O poco menos.

La sombra.– Está bien; y ahora volvamos a nuestra tarea cotidiana, que es continuar escribiendo –que continúes escribiendo– nuestra obra *Imaginación, retórica y utopía.*

Sastre.– Allá vamos; y agradezcamos a la vida el poder hacerlo en medio de este paraíso que es la Bahía de Txingudi, y en este querido país, que es Euskal Herria.

La sombra.– Rebelémonos, pues, cada día y a cada momento contra este talón de hierro que ha afianzado su dictadura mundial después del 11 de septiembre pasado.

Sastre.– En cuanto a nuestros pequeños enemigos, ¿qué decir? Acaso adelantar, como primicia, un pequeño pasaje de nuestro también pequeño drama *Alfonso Sastre se suicida*, con el que hemos declarado finalizada nuestra obra dramática; son las últimas palabras de esta obrita, en la que un Viajero se despide de la recepcionista de un hotel, Camelia, después de *no haberse suicidado*, incumpliendo su propósito de hacerlo en aquella ciudad, famosa por sus buenos lugares –puentes, acantilados– para un buen suicidio. He aquí este diálogo:

Camelia.– Venga alguna vez por aquí.

Viajero.– Lo haré. Bueno, y ahora voy a seguir viviendo hasta que llegue mi muerte natural; y mis enemigos, que se jodan, caramba. ¡Oh, nobles gentes! ¡Oh, corazones magnánimos! Yo os saludo desde aquí y os deseo el más incómodo de los catres en la más desagradable sala de tiñosos de cualquier hospital.

Camelia.– Es un final muy duro.

Viajero.– Pero no es mío. Es de Pío Baroja, y lo escribió para sus propios enemigos; y, desde luego, es muy buen final.

25 de enero-3 de febrero de 2002

LOS INTELECTUALES Y LA PRÁCTICA

En lo real, estamos atrapados en un círculo vicioso,
el círculo infernal de la violencia
De nada sirve condenar a los que se enfrentan violentamente
Para salir del círculo hay que metacomunicar
La respuesta homogénea nos encierra cada vez más dentro del círculo
La respuesta no homogénea rompe el círculo
A contracorriente
Jesús Ibáñez

Este librito es una tentativa, modesta
y sin embargo peligrosa, lo sé, de metacomunicación
Alfonso Sastre

CUANDO ALGUNAS VECES –concretamente dos (en 1970, *La revolución y la crítica de la cultura;* y en 2002, *Los intelectuales y la utopía*)– yo he sometido a crítica la actividad de los intelectuales y/o de los artistas, de un modo un tanto detenido y orgánico, no lo he hecho sobre los intelectuales áulicos al servicio explícito y declarado del

Poder (dictaduras y/o democracias representativas) ni sobre los "intelectuales orgánicos" al servicio de partidos fascistas o similares y democrático-burgueses; sino que mi preocupación y, en su caso, mis dardos han ido contra los "intelectuales de izquierda" que operaban en la oposición, antes clandestina, desde el PC o grupos "izquierdistas", o desde una declarada "independencia", por causas que yo estimaba −y estimo− justas; pero que lo hacían −o lo hacíamos−, a mi modo de ver, mal, y hasta muy mal, o que, decididamente, no lo hacían, no lo hacíamos. ¿Piedras contra mi propio tejado? ¿Autocrítica? ¿Puñaladas a mis sedicentes amigos? En general, ha sido la "izquierda" o el "progresismo" de ciertos intelectuales lo que yo he sometido a crítica, anotando y hasta denunciando la práctica de modos y tics indeseables, oportunismos y otros variados males. El desplazamiento masivo a la derecha durante los últimos años de intelectuales que ayer formaron −decían formar− en la izquierda, y sobre todo en la extrema o ultraizquierda, me ahorra ahora algunas aclaraciones, pues ha quedado visto ahora para todo el mundo algo de lo que yo creía ver entonces (1970): la no fiabilidad de muchos escritores e intelectuales sedicentemente situados en la izquierda y hasta en la extrema izquierda social y la ultraizquierda política de aquel momento.

En realidad, yo siempre he mirado con muchas reservas a la ralea −llamémosla así (casta, linaje)− de los intelectuales "progre", en sus dos alas, la izquierdista y la que se situaba en un equilibrio intelectual *muy respetable;* de las cuales ha prosperado esta, la "bienpensante"; pero que coincidían las dos en la sustitución del pensamiento por un sistema de tics automáticos que convertían a los intelectuales y artistas más "libertarios" y "justicieros" en, de hecho, repetitivos autómatas que respondían siempre con la misma canción: una y otra ala respondían por tics, ya el de la radicalidad ultra, ya el de la gran tolerancia filosófica; ya el del socialismo revolucionario, ya el de la democracia a ultranza; ya el de la sangre y el fuego, ya el de la pacificación; ya el de la rotura inmediata del sistema capitalista, ya el de una democracia reformadora de las injusticias; ya el del cambio inmediato y radical de las estructuras, ya el del proceso o curso democrático a una situación de "progreso y modernidad". Como digo, la segunda opción es la que ha prosperado cuando no ha sido abandonada también por sus propulsores intelectuales para instalarse decididamente en el poder de la derecha española sin máscaras o débilmente enmascarada. Recuerdo que entonces, como ahora, se apretaba una tecla y se oía lo único que se podía oír de aquellos intelectuales rezagados y tórpidos mientras ocurría lo que estaba ocurriendo al margen de sus categorías. Es como ahora: se aprieta una tecla y se oye la respuesta de la condena del terrorismo (entendiendo por tal el conjunto de guerras de los pobres y excluyendo, desde luego, el terrorismo de los poderosos); o se aprieta la tecla y se oye –como entonces– el rechazo de toda violencia "venga de donde venga", sin que haya lugar a la consideración de que pensar es distinguir y que meter objetos en una bolsa, en virtud de que "se parecen en algo", es lo contrario de pensar; o se aprieta una tecla en nuestro intelectual y oiremos que hay que pronunciarse por un mundo sin fronteras, y, por ello, mirar con un gesto torcido los movimientos no clásicos (los clásicos eran aquellos que se producían al otro lado del mar) de liberación nacional, por su carácter tribal, su patriotismo primario y el uso de la violencia; o bien, otra tecla, y he aquí la apología de la tolerancia y las protestas contra el racismo y la xenofobia, aunque conozco a pocos intelectuales que, en la práctica, hayan convivido con los gitanos y los marginados, por ejemplo, y que movieran un solo dedo cuando estos eran perseguidos como ratas (recuerden el caso de Eleuterio Sánchez). La tecla de la solidaridad es la que siempre ha funcionado como señal de identidad de la inteligencia de izquierda; pero también puedo recordar la nula actividad de los intelectuales españoles más progresistas –salvo muy contadas excepciones– durante la guerra de

Vietnam, y lo mucho que costó mover algún documento contra las torturas de la policía o de la Guardia Civil españolas. Los intelectuales españoles, por lo demás, siempre han presentado sus manos limpias y han vivido en una izquierda estética que les permitió, durante la dictadura (siempre hay alguna excepción), evitar el conocimiento interior de las cárceles e incluso soslayar bastante bien (para ellos) los problemas de la censura. El hecho de que hoy hayan desertado definitivamente de toda izquierda (incluso la izquierda moderada y moderante) no es sino otra vuelta de tuerca en su incorporación al "establecimiento". Hoy, cuando ellos recuerdan lo que fue su pasado, acusan como un crimen común el atentado al Almirante Carrero Blanco −olvidando las risas ante los chistes populares y acaso el champán que ellos mismos bebieron en aquella ocasión−, o bien, miran benévolamente su pasado "izquierdista" como un signo de falta de madurez *muy propio de la juventud*. En cuanto a mí, recuerdo que yo estaba más cerca de quienes se manchaban las manos, a veces de sangre, a veces incluso de mierda, por referirme a una expresión de Jean Paul Sartre en su drama *Las manos sucias*. Pero esa es otra cuestión, que pertenece al ámbito de mi biografía personal y no tiene mayor interés.

La lectura del opúsculo a que me he referido al principio −la lectura por mí mismo, porque no se ha publicado nada sobre él, salvo algunas noticias y entrevistas de promoción por parte de la editorial, cosa corriente en mis publicaciones− me ha invitado a preparar para una problemática segunda edición ciertas aportaciones y aclaraciones sobre algunos temas de primera magnitud, un tanto confusos en la primera redacción, como, a saber, mi afirmación de que los artistas no pertenecen al oficio de los jueces sino al de Eurípides −para explicar mi negativa a condenar ciertas acciones "terroristas"−, o la idea de los intelectuales como unos trabajadores para el ocio (afirmación que implica la confusión entre intelectuales y artistas, dos oficios que solemos cubrir convencionalmente con el término "intelectuales", habiendo la diferencia, por lo menos, de que los intelectuales –filósofos y científicos– trabajan fundamentalmente con la inteligencia, y los artistas específicamente con la imaginación, que no es poca diferencia). En realidad, son dos caras de la misma moneda, pero efectivamente *son dos caras*. También quedó el tema de la Utopía como relegado a un mejor discurso (ya hoy realizado por mí en otro libro, aún inédito); tema cuya clave está en que está abierto así mismo a dos caras: la que considera la Utopía como lo imposible, y la que estima la gran importancia de lo actualmente imposible (en función del nivel técnico a que las sociedades hayan llegado) y/o de *lo social y/o económicamente imposibilitado y sin embargo realizable;* de lo que es presentado y aceptado como "imposible" y que sólo lo es –imposible– mientras no se resuelven los problemas que parecen acreditar esa imposibilidad que, sin serlo, aparece como tal en el cuadro de un sistema con grandes manchas de ignorancia y además afectado por ignorancias interesadas, pues de hecho nos hallamos ante realidades posibles y, hoy por hoy, *imposibilitadas*, efectivamente. Por ejemplo, hasta que el ser humano voló sobre naves más pesadas que el aire, *volar en naves más pesadas que el aire era imposible;* y lo fue hasta que una praxis científica y revolucionaria pudo abrir esas realidades: posibilitarlas. Lo imposible de hoy es, entonces, la realidad de mañana, salvo si eso "imposible" se alberga en los dominios de una fantasía arbitraria y pueril. (Yo he dedicado muchas páginas a intentar el análisis de la estructura dialéctica de la imaginación, y creo que algunas luces ya es posible proyectar sobre esta estructura que aclara las diferencias tantas veces anotadas en la historia de la filosofía entre imaginación y fantasía).

Pero es el tema de los intelectuales y de los artistas (aunque a partir de ahora usaremos convencionalmente el término "intelectuales" para cubrir ambas actividades), y a continuación vamos a aclarar en pocas palabras esta cuestión, bajo el epígrafe:

LOS INTELECTUALES Y LOS ARTISTAS (= POETAS)

Debo aclarar, aunque ya me parece evidente, que yo mismo soy apenas un poeta –un artista– y de ningún modo un intelectual en el sentido riguroso, universitario, del término (soy, pues, un artista... pensativo –por ejemplo, trato de explicarme lo que sea la poesía–); pero de alguna manera soy las dos cosas o participo de los dos mundos, de manera que la relación entre la actividad propiamente intelectual y la artística se reproduce, aunque sea precariamente, en mi propia actividad: he aquí a los intelectuales –decíamos– como profesionales de la inteligencia –de la razón–, y a los artistas como profesionales de la imaginación, con todos los matices propios del caso, ya anotados –algunos– en el opúsculo *Los intelectuales y la utopía*, ya re-citado; distinción a la que hemos de añadir, después de haber pensado en ello releyendo nuestro propio opúsculo, la distinta relación de los artistas y los intelectuales –trabajadores unos y otros– con el ocio social, con el holgar de los otros.

Por lo demás, puede ser útil la clásica diferenciación entre el trabajo manual y el trabajo intelectual, marco en el cual los intelectuales –como su propio nombre lo indica– caen en esta segunda categoría, y muchos de los artistas en la de lo manual, aunque hoy son muchos los escultores ("arte conceptual") cuyas manualidades se reducen –o casi– al campo del dibujo sobre papel y las matemáticas, y las manualidades propiamente dichas corren a cargo de herreros, picapedreros, carpinteros, marmolistas..., como las obras de los arquitectos las hacen los maestros de obras, y tampoco ellos, sino los albañiles y los trabajadores que en la jerga de la construcción se llaman "similares": los oficios. (Hoy muchos escultores trabajan sólo –o casi sólo– sobre el papel y, eso sí, visitan los talleres en los que sus esculturas se hacen y dicen algo al respecto de la realización en el hierro de su escultura de papel. También las casas son de papel hasta que se convierten en edificaciones y se convierten en piedra, cemento o titanio, material que me hace pensar en que Ghéry se planteó la diferencia entre la arquitectura y la escultura en que las esculturas no tienen servicios higiénicos, de manera que una escultura sería algo así como una casa sin retrete).

En fin, la complejidad de este tema se reconoce en la existencia en la vida social de una rica capa constituida por los técnicos, que son un destacamento práctico (localizable en la industria y en la agricultura) de la ciencia: intelectuales... de acción, en sus distintos grados, desde los técnicos elementales a los grandes ingenieros. Esa capa se forma en las que antes se llamaban Escuelas Especiales, de Ingeniería, de Arquitectura, etcétera. ¿Intelectuales? ¿Artistas? ¿Técnicos? ¿Y de qué manera? Así mismo la industria reserva un lugar, grande o pequeño según los niveles de desarrollo, no propiamente (inmediatamente) productivo o industrial, de sus actividades, a la investigación científica, trabajo que resulta dilatador del saber científico por vías distintas de las universitarias, desinteresadas estas –en principio– de los problemas de la industria, y albergadas en instituciones situadas al margen de todo propósito de lucro (Universidad e instituciones análogas); y es así como –pro lucro– se realizan verdaderos e importantes progresos del saber teórico humano (filosófico y científico) realizados por investigadores a sueldo de las empresas comerciales.

Capítulo aparte, en esta aproximación al mundo de los intelectuales (escritores o no) y los artistas (escritores o no), además del de los técnicos, en los grados que van desde las proximidades –desde las inmediaciones– del mundo obrero a los más altos niveles de la ingeniería y la arquitectura, merecería el mundo del periodismo electrónico y de papel, la radio y la televisión, en el que se mueven intelectuales y artistas, más o menos próximos al campo de la razón o al de la imaginación, pero también profesionales de la información y de la comunicación de esa información sin más ingredientes, críticos (opinión) u otros. ¿Un informador es un intelectual? ¿Es un artista... de la información? ¿Un poeta de la noticia? La información criminal en la prensa francesa fue un espacio muy bien escrito –como la crónica de toros en España–, en el que surgieron muchos escritores y se creó todo un género literario (la "novela negra").

Entonces habría que reconsiderar el antiguo tema de las relaciones entre el periodismo y la literatura, y cuestiones sobre si el periodismo ayuda a ser escritor o entorpece las vocaciones literarias, o sobre la entidad estética del periodismo literario (a lo César González Ruano o Francisco Umbral) o de la literatura periodística (a lo Truman Capote en *A sangre fría*, y otros muchos escritores norteamericanos, tan vinculados al periodismo).

Desde luego no hay dudas razonables para situar a los periodistas de los distintos *media* en el *sector servicios* en el que nosotros los colocamos en nuestro opúsculo *Los intelectuales y la utopía*, y en relacionarlos de una manera o de otra con el mundo del ocio, que no se limita a la existencia en la prensa escrita de las tradicionales páginas de pasatiempos o de las viñetas de humor dibujado a lo Mingote, el Roto y tantos otros.

Pero entremos en la materia de la relación entre los intelectuales (y los artistas, pero desde ahora diremos sólo "los intelectuales" para cubrir convencionalmente estos dos campos relativamente autónomos) y la práctica social, con la que tienen que habérselas, desde luego, también los intelectuales más vinculados al mundo de la utopía: más vinculados a los proyectos incluso más desmesurados y ambiciosos. Recorramos la carne viva de algunos temas, en los que muchos de los intelectuales de hoy están adoptando la asimilación a lo que antes se llamaba "la gente bienpensante", y que siempre ha sido situada en la derecha, pero hoy está en la izquierda: es *la buena izquierda*. Antes, es cierto, los intelectuales hablaban con fuertes ironías de la gente "bienpensante", y no es así ahora, según lo que estamos observando en nuestra propia práctica. ¿Tendrán razón estos intelectuales? ¿Pues no ha de ser lo propio de unos buenos intelectuales *pensar bien?* ¿Pensar mal sería propio de buenos intelectuales? ¿Y cómo se comía o cómo se comería eso? Veamos: ciertamente la población *bienpensante* antes era "de derechas" (o la gente de derechas era la bienpensante); y hoy la "gente de izquierdas" es bienpensante (o la gente bienpensante resulta ser –o así se presenta– de izquierdas, que de ambas formas puede decirse). Por mi parte, yo reivindico para mí una posición *no bienpensante* y así lo propongo para una izquierda deseable y seriamente radical, aunque ello resulte paradójico. Mi modo de "pensar bien" es "pensar mal"; lo que creo que me sitúa –ay– en el refranero castellano, en el que se certifica que "pensar mal" es una vía segura para el acierto. Pero la idea que ha prosperado socialmente es que "pensar bien" es lo propio de los intelectuales, aunque ese pensar bien los sitúe en el en otro tiempo desdeñado mundo de *la gente bienpensante.*

Nosotros queremos tratar en este pequeño trabajo de las siguientes relaciones problemáticas, bajo la forma de unos *Siete tópicos del "buen intelectual" en el día de hoy:* cada uno de los cuales viene a ser como un matiz que añadir a los demás:

1.– El buen intelectual es –y si no lo es debería serlo– un ser políticamente correcto.
2.– El buen intelectual está contra toda violencia, venga de donde venga.
3.– El buen intelectual es tolerante.
4.– El buen intelectual es un ciudadano del mundo.
5.– El buen intelectual es pacifista.
6.– El buen intelectual es demócrata.
7.– El buen intelectual prefiere –en el caso de *haber de elegir*– la injusticia al desorden.

Entremos en esta materia de la siguiente forma:

1.– El buen intelectual es un ser humano políticamente correcto

Lo "políticamente correcto" era un motivo de risa y burlas por los intelectuales de izquierda de otros tiempos, cuya crítica incidía en los componentes hipócritas de este tipo de comportamientos; y los intelectuales no dudaban en someter a crítica y desmontar aquellas ideas "políticamente correctas". Recuérdese como un arquetipo o, por lo menos, un ejemplo de esta actitud irrespetuosa ante lo políticamente pero también moralmente "correcto" la figura de Oscar Wilde; pero también que su posición escandalosa lo condujo a sufrir los horrores de una prisión inmunda y a ser "escupido" por la sociedad inglesa a Francia –cuando él salió de la prisión– y a morir de mala forma en un hotelucho de París. Dando un salto a otro momento y a otra cultura, recordemos asimismo que Cervantes no vaciló en ser lo que hoy se llamaría "políticamente incorrecto" cuando declaró que los gitanos eran todos unos ladrones y que parecían haber nacido para eso, para robar. A mí mismo me sonaron como tiros los párrafos de su novela ejemplar *La gitanilla* en los que tacha a los gitanos de latrocinio habitual y permanente. En cuanto a que la protagonista de la novela sea una gitana, resulta que al final se descubre que no lo es, con lo cual los gitanos no pueden presentar ni la excepción de una gitanilla gentil. Me sonaron como tiros aquellos párrafos e impropios del humanismo de Cervantes, de quien soy casi casi un devoto. Remito a mi libro *Lumpen, marginación y jerigonza*, en el que también podrá leerse este famoso párrafo cervantino: "Parece que los gitanos y gitanas –dice Cervantes– solamente nacieron en el mundo para ser ladrones: nacen de padres ladrones, críanse con ladrones, estudian para ladrones, y, finalmente, salen con ser ladrones corrientes y molientes a todo ruedo, y la gana de hurtar y el hurtar son en ellos como accidentes inseparables, que no se quitan sino con la muerte". Desde luego, hoy es impensable que incluso los racistas más desaforados se expresaran de modo tan políticamente incorrecto, pues incluso estos empiezan sus discursos —antes de proceder o después de haber procedido incluso a incendiar viviendas gitanas— diciendo que "ellos no son racistas". ¡Ellos mismos aceptan el imperio de lo políticamente correcto! Y, desde luego, los "buenos intelectuales" suelen ser leales a esta corrección política.

Sin embargo, como intelectual comprometido —presunto implicado— con la subversión del orden público actual (y por tanto terrorista), y, en ese sentido, *malo*, me atrevo a pensar que la verdad sobre los gitanos debe ser revelada poniendo la verdad de las cosas sobre la mesa, para que ella —¡la verdad, no la mesa!— no sea ocultada o deformada por los hoy enemigos formales de la xenofobia y del racismo que, con tintes angélicos en la voz, ya han apostado incluso por una "discriminación... positiva"; noción muy problemática, desde luego, hasta el punto de que, si yo fuera negro o gitano, estoy seguro de que odiaría ser discriminado, ya fuera positiva, ya negativamente. En cuanto a estos —a los gitanos—, la verdad es que su historia en Europa empieza con una colosal farsa de engaño según la cual aquellas huestes de gitanos, dirigidas por sus decorativos príncipes, estarían cumpliendo una condena por algún pecado mortal, y haciendo una especie de gran viaje expiatorio, para lo que recababan una hospitalidad que luego era la base de efectivamente hurtos y robos, justificables, según su cultura, y explicables, según la nuestra, por el hecho de que para ellos (robando ahora nosotros la frase a Proudhon), la propiedad de los payos era (y seguramente sigue siendo) "un robo". ("Proudhonianos *avant la lettre*" he dicho yo en alguna parte).

Ah, pero el "intelectual bueno" —irreprochable— torcerá el gesto cuando oiga decir que los gitanos roban: ello es políticamente incorrecto. En cuanto a los intelectuales "malos", ellos dirán —diremos— sencillamente que los gitanos tienen hábitos de robar, y que no hace mal el tendero cuando siente inquietud a la entrada de una gitana en su establecimiento, y que ese hábito de robar, más visible y generalizado en los gitanos, es una consecuencia de un proceso histórico en el que han sido atrozmente perseguidos y se les ha negado el pan y la sal, porque ello es una verdad evidente, añadiéndose a esto las complejas circunstancias de la historia de los gitanos en el mundo, y dibujándose el marco social en el que los payos que andamos por la calle también robamos; y, en gran escala, los bancos roban con depuradas técnicas latronicias –y no sólo un corte de tela en la tienda del mercero–, y los grandes reyes del comercio roban todo lo que pueden, y los grandes industriales empiezan por embolsarse la plusvalía del trabajo de sus obreros y empleados.

Quizás haya hoy muchos intelectuales ("buenos") que se sigan burlando y hagan risas en sus tertulias íntimas de lo "políticamente correcto", pero de hecho cumplen las órdenes contra el escándalo de toda declaración "incorrecta". En esta situación, se hallan mucho más cerca de una verdad sostenible –de una "realidad de verdad"– aquellos ciudadanos que han convivido en los barrios pobres con poblaciones gitanas y realizan críticas que resultan malsonantes en los castos oídos del antirracismo convencional; en los oídos de aquellos intelectuales "humanistas" que nunca han visto de cerca a un gitano si no ha sido en el escenario de la danza española o del cante flamenco o en el cine. Curiosamente, contra lo políticamente correcto se manifiestan a veces algunos intelectuales de la derecha declarada, más o menos ácratas, que resultan ser más irrespetuosos que los sedicentes de izquierda en relación con algunos tabúes, y no se avienen a reproducir las tesis de lo políticamente correcto que los intelectuales "buenos" reiteran (redicen), generalmente desde muy lejos, en sus aulas o en sus revistas, a mil leguas de los problemas de que se trata. Pienso, al hablar así, en algún escritor como Fernando Sánchez Dragó, más rompedor del sistema de la cultura corriente que sus colegas de "la izquierda", y no digamos de quienes declaran "superada" la distinción entre derecha e izquierda y definitivamente obsoleta la división de la sociedad en clases, posición que marca el ápice de lo que es la izquierda bienpensante (¡Quién te ha visto y quién te ve!, o sombra de los que eras, Miguel Hernández *dixit)* en el día de hoy, en el que esta "izquierda" está ejerciendo –al servicio de la más carca y maloliente derecha que la subvenciona– de enterradora no sólo del marxismo –que, sin embargo, goza de muy buena salud teórica– sino de cualquier proyecto revolucionario, esto es, utópico (en el sentido en que lo propongo en mi obra, aún inédita, *Imaginación, retórica y utopía)*, desdeñado por ella como si formara parte de una especie de pensamiento *orangutánico* y *troglodítico;* dado que, para ella, la verdad –la "realidad de verdad"– sería que las cosas "son como son", y que hoy la historia "ha terminado" (fin de la historia), *si es que alguna vez hubo historia*, en lo que esta sedicente izquierda (cuando no es que declara, como hacían los falangistas y los demás fascismos, superada la confrontación de una derecha y una izquierda en la dinámica social) coincide plenamente con la derecha económica, social, política y su *intelligentsia*, hoy generalizada en el poder, una vez producida la bancarrota de lo que se llamó el "socialismo real", cuyas virtudes y sobretodo sus virtualidades quedaron al fin, con una guerra mundial por medio, liquidadas por la convergencia de una estrategia de largo alcance del capitalismo, que se puso a operar con todos sus hierros, dinero, violencia y mentira, al otro día del asalto al Palacio de Invierno, y de la propia burocracia "socialista", surgida bajo el imperio de una forzada militarización del proceso revolucionario.

2.– El buen intelectual está contra toda violencia, venga de donde venga

Nada más cierto, y son pocas las excepciones de quienes afirmamos que pensar es distinguir entre los fenómenos (o, al menos, empieza por ese esfuerzo), o sea, que es todo lo contrario de echar en una bolsa de basura todo lo que quepa en ella en función de ciertas semejanzas que a veces son realmente serias e importantes (por ejemplo, un tiro de pistola suena igual que otro tiro de pistola), para hacer después un juicio global sobre aquel conjunto heteróclito. Por ejemplo, para mí es preciso establecer que son fenómenos diferentes el disparo de un sicario sobre un dirigente sindical en América Latina y la ráfaga de metralleta de Ernesto Che Guevara contra un cuartel de "casquitos" durante la dictadura de Batista; y mucho más otra cosa es la explosión de unas bombas atómicas sobre Hiroshima y Nagasaki, y el homicidio a navaja que se produce en un arreglo de cuentas o en un trance pasional. Todos son actos violentos y, por ello, indeseables; pero a partir de esa constancia es preciso ponerse a pensar, y a ver la entidad propia de cada una de esas violencias, ante cada una de las cuales nuestro rechazo tendrá también su propia entidad, o incluso no llegará a ser tal rechazo (defensa propia, tiranicidio, violencia revolucionaria...); por lo que no es indiferente esa genealogía para paralizarse en un rechazo de –como dice un eslogan casi popular entre los intelectuales "buenos"– *toda violencia, venga de donde venga,* puesto que, siendo todas ellas indeseables, como decimos, merecerán diferentes atenciones, de manera que el juicio moral y político sobre ellas se basará en el conocimiento de su diferente cualidad y etiología, y en el análisis de las motivaciones, desde las psicológicas a las sociales, de cada uno de esos actos violentos; y es de decir que esa metódica distinción en la masa de lo que es heteróclito (aunque una importante nota común sea la violencia) es la vía *sine qua non* de un pensamiento "en forma" –o sea, fuerte– y de la moral, y de una acción efectiva para que tales actos violentos –cada uno en su índole– lleguen un día a ser definitivamente imposibles. En cuanto a mí, por mera decencia intelectual, no puedo poner en el mismo saco a un militante palestino que se hace estallar ante un cuartel israelí jo en un autobús con todo el horror que ello comporta!, y los bombardeos desde el interior de grandes formaciones blindadas de enormes carros de combate o el lanzamiento de misiles desde helicópteros sobre casas habitadas palestinas en un campo de refugiados (y he elegido al respecto acciones de carácter análogo –en la misma guerra– para llamar la atención sobre la audacia y la intensidad y el compromiso de este pensamiento mío, capaz de tratar de distinguir entre estas dos violencias tan estrechamente emparentadas). Mi punto de vista, como intelectual "malo" –además, claro está, de mal intelectual, pero esa es otra cuestión (sonrío)–, es que en todos los casos de violencia, incluso en los de mayor similitud, existen diferencias, a veces radicales, y en todo caso dignas de tenerse en cuenta, y no digamos cuando los actos violentos son, por ejemplo, la bomba de un guerrillero de las FARC de Colombia, que combaten por la revolución de su país, en un lado, y la tortura de un policía o un militar británico, al servicio del Reino Unido, a unos detenidos irlandeses sospechosos de pertenecer al IRA, en el otro. ¿Se me puede seguir por ahí, o ese camino es impracticable para un *buen intelectual* de hoy, para el humanismo de una izquierda bienpensante? ¿Me quedaré yo solo o acompañado de algunos poetas malditos, candidatos a la marginación y al desprecio? ¿En mis últimos días estaré, al fin, más solo que la luna, en mi gabinete de trabajo, sobre un fondo con las imágenes de Ernesto Che Guevara, Ho Chi Minh y Argala, a quien conocí y admiré personalmente, siendo yo mismo incapaz de matar un insecto? ¿Pero es que se puede ser otra cosa –desde el punto de vista ético– que un pacifista a ultranza? ¿Cómo es que resulta que yo mismo no lo soy, y que incluso hace muchos años pensé en lo que llamé "la metamorfosis de una pistola", imaginando que un arma pasaba de las manos de un agente de una dictadura a las de un guerrillero, lo que hacía que la pistola, sin dejar de ser una pistola, se convirtiese en otra cosa: desde ser un aparato para la opresión a devenir un aparato para la liberación? Ahora recuerdo algo que me contó José Bergamín y que nunca he podido olvidar porque expresa un problema que personalmente me afecta. Era en Madrid, 1936, y por fin las organizaciones obreras habían conseguido que el Gobierno Republicano les procurara fusiles para la defensa de Madrid. En no recuerdo qué lugar se estaba procediendo al reparto de aquellas armas, y se había formado una cola para obtenerlas. Bergamín se puso a la cola; y resultó que, cuando estaba a punto de tocarle el turno, los fusiles se acabaron. Entonces Bergamín exclamó para su coleto: ¡Menos mal!, y al poco de hacer esa exclamación se avergonzó de haberla hecho, porque ello implicaba una falta de solidaridad con quienes iban a verse en la necesidad de derramar sangre humana. ¿Que maten ellos? ¿No era una vergüenza comportarse así? También recuerdo a este respecto de la violencia como un horror que en determinadas circunstancias puede parecer necesario el que fue famoso libro de Sören Kierkegaard *Temor y temblor*. El autor analizó en su libro el episodio de la Biblia en que el patriarca Abraham recibe la orden superior —¡y tan superior; nada menos que *de Dios!*— de matar a su hijo Isaac, de sacrificarlo como un cordero en el monte, y, desde luego, se dispone a hacerlo, siendo estimado por ello, y no a pesar de ello (dice Kierkegaard), *un Caballero de la Fe*. ¿Persona admirable o asesino frustrado? Kierkegaard, que vivió esta situación como una tragedia, aporta en su obra la idea de que, en determinadas circunstancias (por ejemplo, un mandato divino, pero también puede ser la liberación de un pueblo que sufre una opresión), se legitima lo que él da en llamar *una suspensión teleológica de la moral*. Que es como decir, al estilo de los viejos jesuitas, que "el fin justifica los medios". No, yo no suscribiré esta justificación, pero tampoco me pondré en el bando de quienes, bienpensantes, reposan su cabeza sobre el lecho de una condena retórica. Estamos en el corazón de la tragedia y, para mal o para bien, este es mi oficio, que comencé a finales de los años cuarenta con un drama *sobre el terrorismo*, tema que nunca me ha abandonado desde entonces. En aquel drama, yo me hallaba más cerca de un humanismo navideño que de otro lugar, pues, si bien el precipitado ideológico del drama no era una "condena", estaba, sin haber reflexionado aún sobre ello, en el oficio de Eurípides, que en lugar de condenar a Medea (¿habrá violencia más atroz y condenable que la de matar a sus propios hijos?) trataba de desentrañar los mecanismos psicológicos de su venganza, evocando una nostalgia cristiana: si los hombres "se amaran los unos a los otros" (Jesucristo) habrían desaparecido las raíces del *terrorismo* y, con ellas, el fenómeno de las bombas urbanas en las luchas revolucionarias y de las víctimas sangrientas. Entonces no había leído otra obra sobre "el terrorismo", que se escribió por aquellos mismos años, *Los justos* de Albert Camus; pero tampoco un drama que unos años antes había escrito Bertolt Brecht, durante la Guerra Civil Española, sobre una madre (recuerdo de *La madre* de Máximo Gorki) que, habiendo sufrido en la carne de sus seres amados los horrores de la guerra, y por ello pacifista a ultranza, esconde y oculta unos fusiles hasta que, a la muerte violenta del hijo que le queda, los entrega para que los combatientes los usen en la defensa de la República. Años después, yo mismo tomé este tema y lo trasladé al País Vasco durante la misma guerra –la del '36 al '39– con el título *Las guitarras de la vieja Izaskun* (guitarras=metralletas en el argot guerrillero).

Durante la gran efusión revolucionaria que se produjo al triunfo de la Revolución Cubana, se llegó a los extremos –en el mundo intelectual de la izquierda entonces activa– de proponer que los escritores partidarios de la revolución sustituyeran la máquina de escribir por la metralleta, extrapolando una frase atribuida a Ernesto Che Guevara, que habría respondido a un escritor que le preguntaba qué podía él hacer por la revolución: "Yo era médico". Por lo que a mí se refiere, recuerdo haber escrito una ponencia para el Congreso Cultural de La Habana en la que me planteaba este tema bajo el título: "¿Pluma o metralleta?", y apostaba por la pluma desde luego, posición en la que me sentí acompañado por unos diplomáticos vietnamitas a quienes pregunté en Estocolmo qué hacían los artistas y los intelectuales en el Vietnam en lucha, bajo los bombardeos de napalm, y que me respondieron que los escritores... escribían, los pintores... pintaban y los maestros... enseñaban a los niños en las escuelas subterráneas, y que ese era el modo como cumplían con sus deberes revolucionarios en aquella atroz guerra de resistencia y de liberación. Por cierto que una buena parte de los intelectuales reunidos en La Habana, entusiastas de la metralleta, no sólo no la usaron nunca sino que abandonaron pronto sus entusiasmos por la Revolución Cubana.

Insistiendo en la indeseabilidad radical de la violencia en sus diferentes despliegues y entidades –o sea, de las violencias–, nuestro punto de vista entonces y ahora establece que es preciso distinguir radicalmente dos grandes sectores en las violencias sociales y políticas –las violencias de los oprimidos y las de los opresores, o bien, los actos violentos de los pobres y los de los ricos, o bien, las guerras patrocinadas por el Poder y las guerras sediciosas o subversivas, etcétera–, y que todos los actos violentos no meramente "pasionales" (amor, celos...) –desde los atracos de bancos a las bombas "terroristas"– son síntomas que manifiestan profundos males sociales y que hunden sus raíces en situaciones de radical y lacerante injusticia, plano sobre el que habría que operar en la tarea de acabar con la violencia en el planeta Tierra, y no golpeando con furia ciega policíaca o militar sobre los síntomas, por medio tantas veces de procedimientos como la tortura que se practicaba y se sigue practicando en las siniestras oficinas del "orden público", en las cloacas de los estados.

Sobre el tema de las condenas al terrorismo por parte no ya de políticos sino de intelectuales y artistas, algo he dicho en el trabajo sobre *Los intelectuales y la Utopía*, acudiendo a reclamarme como del "oficio de Eurípides", o de la dramaturgia en general, que no es un oficio de condenas "al malo" sino de análisis y reflexión sobre los orígenes de los sufrimientos humanos. Para nosotros (los que efectivamente practicamos el oficio de Eurípides, y no pertenecemos a la policía ni a la judicatura), en general *no hay el malo*, aunque algún "malo" pueda haber, sobre todo en las malas películas y en los melodramas (buenos contra malos), e incluso los tiranos tienen en nuestros dramas la libertad de decir y de explicar todas sus razones.

Recuérdese como un buen ejemplo, casi arquetípico, la *Antígona* de Jean Anouilh, tragedia escrita y estrenada en París durante la ocupación nazi-alemana, y cómo se escuchaban en aquella obra las razones de Creonte, el tirano, contra Antígona, tan bien expresadas por el personaje que personifica el Poder que se podía llegar a pensar que el autor justificaba las razones de Alemania (Creonte) contra Francia (Antígona). Si nos desplazamos a la Revolución Francesa, podríamos echar un vistazo a las grandes obras que de ella se han ocupado (por ejemplo, desde *La muerte de Danton*, de Georg Büchner, a la obra maestra de Peter Weiss que es el *Marat/Sade)* y en ellas vemos y confirmamos que nuestro oficio no consiste en una condena a ultranza del Terror, ni siquiera del Terror en el Poder, como es en este caso, en la medida en que se trataba de una actividad pública, instalada en el poder político, y que se pretendía al servicio de una gran revolución justiciera, sino que nuestro propósito –el propio de los socios del "Club Eurípides"– es siempre el de analizar vía imaginante las condiciones que dan lugar, por ejemplo, a los horrores de la guillotina.

La tragedia es, entre otras muchas cosas, una apuesta contra todo maniqueísmo (buenos y malos). Pero también es preciso decir, siguiendo el mismo juego, que hay un momento en el que el oficio de Eurípides ha de ceder su lugar a otro en el que sea no sólo legítima sino deseable la condena de determinadas prácticas. En la siguiente edición de mi opúsculo creo que quedará claro ese momento que hay en nuestro oficio para la práctica de las condenas más severas de hechos sobre los que no es posible aplicar el equilibrio de las grandes tragedias, en las que una mujer puede degollar a sus pequeños hijos y ser sujeto no de una lapidación inmisericorde sino que se le puede ofrecer (así hizo Eurípides y antes otros tragediógrafos) una plataforma reivindicativa de la mujer desolada por la opresión masculina y cultural. ¿Cuáles serían esos hechos ante los que el mismo Eurípides alzaría su mano y condenaría sin dar lugar a la réplica –y mucho menos a la dúplica (que es el diálogo)– *del otro?* Se trataría de comportamientos determinados, cuya índole los haría rechazables *en absoluto,* y por tanto objeto de una *condena* irrenunciable desde un punto de vista ético. Para mí, a pesar de la gran complejidad de esta cuestión, hay ese tipo de hechos condenables preontológicamente, y ellos son los que constituyen la violencia que se ejerce hoy desde los poderes económicos, políticos y militares, en distintas maneras (desde la opresión y la explotación económica a la tortura policíaca; desde los embargos económicos a pequeños países hasta los grandes ataques militares); todo lo cual se está produciendo en el marco de la globalización capitalista, y que yo me atrevo a rechazar de modo incluso maniqueo, desde mi dudosa condición de comunista errático; mientras que la violencia de los oprimidos, incluso en sus expresiones más atroces, como los ataques del 11 de septiembre, me produce un gran temblor que me mueve a preguntarme: ¿Por qué? ¿Por qué?; y a considerar esa violencia como una materia trágica. Evidentemente hay algo que me aleja de la zona en la que se mueven los intelectuales y los artistas "bienpensantes", y es mi diferenciación radical entre las violencias de Estado y las que ejercen –subversión, sedición, revuelta, revolución armada...– los condenados de la Tierra. ¡Yo no veo bien condenar a los condenados!

Pensándolo bien a pesar de todo, me doy cuenta de que yo no soy un buen oficiante de Eurípides, y que a veces se me cuela el melodrama –los buenos y los malos– en mis tragedias (en las de mi vida y en las que escribo), o en mi percepción de las tragedias ajenas (las que ocurren en la realidad y las que han escrito o escriben mis colegas dramaturgos).

No es así en algunas como la citada *Medea* de Eurípides, en la que me da casi tanta pena Jasón como Medea, y, desde luego, no condeno a ninguno de los dos, pues Jasón me parece un personaje *muy humano* a pesar de que se comporte como un cerdo a propósito de Medea, y en cuanto a Creonte, ¿qué podría hacer él sino lo que hace, condenar a Medea al destierro para evitar... lo que, al fin, resulta inevitable, y no porque Medea sea "mala" sino porque sufre más allá de lo posible por el abandono de Jasón?

Como espectador del teatro, entiendo como un test de mi propia condición humana –de lo que yo tengo y de lo que me falta de Eurípides– el hecho de que en *Fuenteovejuna* de Lope de Vega no me da ninguna pena sino que me alegra ver que los ciudadanos se rebelan, matan al comendador de mala forma y alzan su cabeza en una pica, y, sin embargo, condeno que aquellos ciudadanos sean sometidos a torturas para dilucidar lo que ha pasado. (¿Dónde se me quedó Eurípides?). Como autor, escribí con mucho gusto que Tell mata al Gobernador, y me quedé tan tranquilo, y en ningún momento del drama le dejé –al Gobernador– que expresara sus opiniones y defendiera sus puntos de vista (cosa que hizo y muy bien Eugenio d'Ors en su obra *Guillermo Tell)*.

Este tema me ha puesto siempre en un trance mental muy complejo, en una situación "ardiente", y así sigue siendo hoy. Pero la cosa para mí empezó cuando descubrí la existencia en Francia, durante la Segunda Guerra Mundial, de aquel movimiento de resistencia contra los nazi-alemanes. ¿Qué pensar de un acto en el que un resistente francés disparaba un tiro en la cabeza de un oficial alemán que pasaba por la calle? Pero aún más: ¿qué pensar de un grupo de la Resistencia que pone un explosivo en la vía del ferrocarril? ¿Condenarlo y renunciar a la lucha contra la ocupación alemana? ¿Aceptarlo y renunciar entonces a nuestro humanismo intelectual? ¿Y qué pensar de los franceses que decidieron practicar aquella lucha? El terrorismo fue el doloroso tema de una de mis primeras obras –*Prólogo patético*– y de otras posteriores, particularmente de la titulada *Análisis de un comando*, que parten sin duda alguna de una condena personal a los sistemas a cuya opresión se oponen los "terroristas". En realidad –y ahora regreso a Eurípides y me reconcilio con él– no hay buenos y malos, y ni siquiera los torturadores policíacos son como los malos de las malas películas o de los buenos melodramas. Lo malo son los sistemas opresores; lo condenable son esos sistemas; y los verdugos son también víctimas de esos sistemas. Lo cual no quiere decir que propongamos enfangarnos en una especie de humanismo navideño.

En resumen, creo que también los intelectuales "malos" estamos contra toda violencia, que nos parece siempre indeseable, pero no lo estamos de la misma manera cuando se trata de la violencia de los ricos contra los pobres que cuando se trata de la violencia de los pobres contra los ricos; o dicho de otros modos: la violencia de los estados opresores y la violencia revolucionaria.

Alguna vez dije que la tragedia era, en el teatro, una especie de investigación criminal, que partía de la pregunta: ¿Quién es culpable?, aunque ello me aproximara a una noción cuasi policíaca del drama, noción de la que sin embargo me apartaba un punto de vista filosófico: el rechazo del concepto del delincuente como el malo de la película. Más cerca me hallaba de Concepción Arenal y de su propuesta de odiar el delito y compadecer al delincuente. La indeseabilidad de toda violencia me hace moverme con pavor en el mundo de hoy, en el que veo que la generalización de la injusticia y el cierre de las vías que hicieran posible actuar por medios políticos contra ella hacen presumir la generalización así mismo de los "métodos terroristas" en este mundo. El llamado "nuevo orden", posterior a la caída de la Unión Soviética y los regímenes del "socialismo real", se nos presenta como un lúgubre anuncio de la extensión mundial de la violencia como único modo viable de protestar contra el hambre y de luchar por las libertades de los pueblos. Sin embargo, los movimientos que se iniciaron en las manifestaciones de Seattle son portadores de una esperanza nueva que acaso opere contra este vaticinio de una extensión mundial de las guerras de los pobres, que se llaman terrorismo, mientras, como he dicho otras veces (y también en el opúsculo que vengo citando), se llama guerra al terrorismo de los poderosos. Mientras tanto, yo me reservo el derecho de hacer mis distinciones en este tema, aunque ello me sitúe al margen de lo "políticamente correcto".

3.- El buen intelectual es tolerante

Recordamos sin ninguna nostalgia la época en la que muchos intelectuales marxistas, generalmente militantes en los PP.CC., exhibían una mala lectura de Marx, muy rígida, que los había convertido en una especie de cabezas cuadradas –dogmatizadas– con muy baja sensibilidad ante los hechos que no fueran meras repeticiones de otros anteriores –uno de esos hechos nuevos fue la Revolución Cubana, que era mirada por aquellos intelectuales orgánicos con un gesto displicente y a veces torvo, y otro las revueltas de mayo del '68, etc.–; pero no nos parece que las actuales "tolerancias" sean una buena respuesta a aquella marea dogmática, tanto más cuanto que esta tolerancia, en lugar de apuntar a la existencia de distintos puntos de vista y filosofías, acaba engulléndolos en los abismos de un "pensamiento único" al servicio del actual neo-imperialismo; y creemos que no porque haya habido un pensamiento rígido y dogmático tengamos que apostar hoy por un pensamiento débil; por un pensamiento que parezca avergonzado de ser pensamiento. Mala respuesta sobre todo en la medida en que los intelectuales orgánicos del neocapitalismo liberal aprovechan esa debilidad para incorporar a tan tolerantes pensadores a sus filas al servicio de ese "nuevo orden" apadrinado por figuras tan lamentables (y hasta ridículas) como George Bush, Jr., que pueden poner en marcha tan criminales acciones como las ejercidas por Bush y sus cómplices contra Iraq. (Escribo estas líneas hoy sábado 15 de febrero, cuando los Inspectores de la ONU acaban de leer su segundo informe en el Consejo de Seguridad y desde esta mañana habrá manifestaciones en todo el mundo contra este ataque a Iraq, tan largamente preparado por el Imperio, pues es de saber que el proyecto de destruir Iraq es estratégico y se formuló antes del ataque de Iraq a Kuwait. Sorprendentemente, ha sido de otra manera: una buena parte de la izquierda dormida ha parecido despertar).

Son de temer, de todos modos, los efectos de la mala conciencia de los dogmáticos de antaño, que caminan como sobre brasas sobre las realidades que nos comprometen desde el punto de vista teórico a formular proposiciones fuertes, precisas y arriesgadas, situándonos en una zona peligrosa y nada complaciente, que rechaza posiciones eclécticas o sincréticas (notas que lo son de la esencia de la llamada posmodernidad). ¿Me sitúo, hablando así, frente a los intelectuales "buenos" –contra los "buenos intelectuales"–, y resulta, en fin, que estoy rechazando la buena idea de una "tolerancia" que parece el mejor proyecto que se podría desarrollar en el seno de una sociedad que camine hacia una organización aceptable del mundo? ¿Me situaría contra la herencia –que sin embargo he elogiado en otros momentos– de un Sebastian de Castellion, que fue el primer promotor –en el siglo XVI– de un "documento de intelectuales por la tolerancia", que suscribieron audaces filósofos y teólogos ante el crimen de Calvino, que fue quien condujo a Miguel Servet a la hoguera de Champel en Ginebra, donde fue quemado vivo? Sebastian de Castellion escribió entonces aquella frase, que luego fue famosa, y que yo reproduje en mis obras sobre Servet: "Matar a un hombre no es defender una doctrina. Es matar a un hombre". ¿Es un pensamiento absoluto? ¿Vale para cualquier caso de homicidio? ¿Así que matar al Gobernador Gessler fue matar a un hombre y no defender la doctrina de la libertad, por referirnos al mundo de los mitos? ¿Matar un resistente francés a un oficial alemán es matar a un hombre y no es luchar por la liberación de Francia? Tales son los postulados propios de un pensamiento "fuerte", de carácter trágico, que nos deja temblando, solos ante el peligro, habiendo renunciado a la cómoda blandura de un humanismo bienpensante. En cuanto a Castellion, ese fue un "pensamiento fuerte" en su tiempo, y todavía lo era cuando Voltaire lo recogió a propósito del mismo crimen de Calvino; pensamiento que se fue debilitando al compás de las guerras revolucionarias –con base en el pensamiento del siglo XIX, generado posteriormente a la Revolución Francesa, con sus dos alas, el socialismo científico, por un lado, y el socialismo utópico y la acracia, por otro– y de los movimientos anticolonialistas, de liberación nacional, en el siglo XX, que dan, por ejemplo, imágenes como la de un "guerrillero heroico" –así denominado en Cuba– en la figura con metralleta de Ernesto Che Guevara. Después de tantas vicisitudes, creemos que hoy se reafirma la entidad de un pensamiento que, siendo fuerte, asume, como un momento precioso de su desarrollo, la expresión de las antítesis (antagonista), y no en virtud de tolerancia alguna –la tolerancia es una prerrogativa de los poderosos– ni, menos aún, de intolerancia alguna, *sino todo lo contrario*, con lo que hago referencia a la estructura dialéctica del pensamiento. En el drama, somos profesionales de esta estructura, en la que el antagonista ha de ser libre, y si resulta amordazado –como lo ha sido en algunos dramas míos, en los que el tirano hace poco más que rebuznar– ello rebaja la calidad dialéctica del discurso, y, por tanto, la calidad dramática de la tragedia y su significación y su alcance ontológicos. Digamos en fin que el antagonista es preciso para el desarrollo del pensamiento y no sólo tolerable, lo que sin duda nos plantea si quedan ilegitimados como personajes de una tragedia aquellos seres humanos que circulan por la vida siendo portadores de la estulticia o la burrería más zoológica. En el drama, hasta la vileza moral tiene que ser expresada en términos adecuados y debidamente inteligibles.

No termino este apartado sin darme cuenta de que ha podido circular por él, en silencio, el casuismo vasco. No es este el momento de abordar una cuestión tan compleja, pero sí quiero significar que, en mi opinión, es deseable –¡y ya, hoy! ¡o mejor antes de ayer!– el cese de la violencia de ETA, organización de la que se ha dicho por algún ex militante de Herri Batasuna que parece ser gobernada actualmente por una "dirección errática", siendo para mí muy otra la situación, pues yo creo observar más bien en esa organización un mecanismo de piñón fijo, rígido e inmóvil ante los mensajes de la sociedad civil y que su percepción adolece de esta rigidez ante la complejidad del proceso social que Euskal Herria está viviendo. Por mi parte, yo saludé con inmensa alegría el anuncio de la pasada tregua, y con tristeza y enorme preocupación su ruptura; y deseo fervientemente que algo o alguien se introduzca en el proceso como un factor capaz de promover la posibilidad de una salida del círculo vicioso, cada vez más angosto, en que la situación actualmente se halla, con un horizonte previsible de multiplicación de todos los sufrimientos.

4.– El buen intelectual es ciudadano del mundo

Buena idea contra los nacionalismos de campanario, contra las convicciones cazurras y sonrojantes de que no hay nada mejor que nuestros paisajes y nuestras gentes y nuestras costumbres y nuestra cocina y nuestras virtudes propias; propuestas a las que el buen intelectual ha opuesto con frecuencia un olímpico rechazo de las diferencias entre las naciones y un rechazo de la existencia de las fronteras, siendo, pues, la humanidad una superficie lisa y homogénea para los así llamados "ciudadanos del mundo" que no entienden de esas diferencias entre las culturas y sus consecuentes reclamaciones, en las que sólo ven aldeanismo y origen de estúpidos conflictos en los que la humanidad no hace otra cosa que sufrir. ¿Franceses, nigerianos, filipinos, kurdos? ¡Tonterías! ¡Nosotros somos seres humanos, caramba, y lo demás es ese cuento nacionalista! El progreso de la humanidad habrá de basarse en el cosmopolitismo más decidido; lo demás son detalles secundarios y, en cierto modo, desdeñables en los altos niveles teóricos.

Sobre este tema de una posible y necesaria defensa teórica de los nacionalismos, con prescindencia de que es, objetivamente, un término odioso por el uso que se ha hecho de él a lo largo de la historia (con especial incidencia en el momento *nazi*), he de remitir a mi opúsculo recitado y, a ser posible, a una segunda edición deseable porque en ella aclararé y desarrollaré algunos puntos. Valga aquí el siguiente recordatorio: los movimientos patrióticos encierran grandes virtualidades entrópico-negativas (contra la homogeneidad que aboca a la muerte), y hoy pueden desempeñar un papel muy activo en la resistencia contra la mundialización del capitalismo, mediante la afirmación de existencias legítimamente diferenciadas. Contra la aporía de que esta filosofía habría de conducir a la afirmación de que una sociedad sin clases –comunista– es indeseable en función de esa homogeneidad mortal que comportaría, allí hemos aventurado que una sociedad comunista comportaría, por el contrario, una gran floración de nuevas y superiores diferencias en el orden cultural (lo que los chinos de la revolución cultural propugnaban como el deseable desarrollo de cien flores y cien escuelas filosóficas).

¿El buen intelectual debe ser un ciudadano del mundo? ¿De ninguna parte en concreto? ¿De todas en un sentido abstracto? Eso será según se mire. Desde luego, el intelectual "malpensante" que yo soy opina que cada uno de nosotros –o sea, en un plural que en español incluye sin decirlo "las cada unas"– es ciudadano de su pueblo, aunque el apego a la tierra se pueda entender, en la línea de Heidegger, como una antesala de un peligroso *nazionalismo*. Mi respuesta fue situarme tan lejos –yo decía– del casticismo nacionalista como del cosmopolitismo desarraigado, aun con el riesgo de colocarme *en ninguna parte*, y a veces me ha ocurrido –estar en ninguna parte–, pero pienso que habrá sido porque lo he hecho mal, por un déficit en mi propio talento, dado que una postura *entrañada* en nuestro propio paisaje natural y civil, humano, parece que es la *conditio sine qua non* de una validez "mundial" (antes se decía "universal") de la obra literaria o artística, dado el carácter primordial que en el arte y la literatura tiene la sensibilidad. (Esto no quiere decir que el nacimiento en un determinado lugar nos condene a ser de ese lugar o, en su defecto, devenir un *apátrida*, pues la tierra de cada uno es aquella que cada uno elige o la tierra en la que su propio destino lo coloca; así, Chamisso, habiendo sido francés, es un gran poeta alemán, y Conrad, habiendo sido polaco, es un gran narrador inglés).

Para ilustrar la cuestión de la mundialidad ("universalidad") que se basaría en las vivencias locales, es bueno el ejemplo de mi admirado Sean O'Casey, en cuyas obras se huele la ciudad de Dublín, se ve la lucha nacional por la independencia (con sus contradicciones), y nos encontramos ante temas científicos y filosóficos como la lucha de clases (ciencia histórica) y la condición humana en general (filosofía). ¡Bendito Sean O'Casey! ¡Qué gran lección la suya para los dramaturgos de ahora!

Otra vez sobre el casuismo de la "cuestión vasca", aparte de la remisión al otro librillo que vengo citando, hemos de recordar la noción que podríamos definir como "españolaza" de *Antiespaña*, una entidad condenatoria que los políticos y la corte intelectual franquista nos aplicaban a quienes nos oponíamos a su régimen –ellos eran España– en general, y a los comunistas, los judíos y los masones muy en particular. A mí me parecía sin embargo que yo era español y me sentía bien –si no orgulloso– siéndolo; si bien ahora, después de tantos años, me he dado cuenta de que, como los vascos que no se sienten españoles, no es que yo lo sea pero sí que *estoy* español, y vivo esta condición sin demasiados problemas personales, pero también sin restos de cualquier populismo propio de los patriotas –de los nacionalistas– españoles. En realidad yo me siento culturalmente madrileño y ciudadano vasco, en un Estado (el Estado Español) en el que conviven mejor o peor –mal generalmente– por lo menos cuatro naciones: la galaico-portuguesa, la española propiamente dicha, Euskal Herria y los Països Catalans. (Sobre esto de mi madrileñidad, recuerdo lo que me dijo un día Giancarlo Vigorelli, que fue presidente de la Comunidad Europea de Escritores: que él se sentía romano y europeo, pero que la noción de la "italianidad" se le escapaba, no participaba de ella).

En esta cuestión de las nacionalidades y de los estados –en la crisis de los Estados-nación–, nosotros estamos invocando, para pensar en ello, y lo hacemos mejor o peor, la noción de un pensamiento fuerte y, a la par, nos manifestamos contra un pensamiento único. ¿No incurrimos en una gran contradicción? Porque, ¿un pensamiento fuerte no ha de tener la vocación de devenir en un pensamiento único –la aproximación más acertada a la verdad de las cosas, al desentrañamiento de la realidad, al menos en un momento (que puede durar siglos) determinado–, o sea, generalmente válido, en ese momento, para todos los seres humanos y en cualesquiera situaciones y desde cualesquiera puntos de vista (reiteramos: al menos en ese momento)? (Este sería, precisamente, el pensamiento capaz de abrir paso al siguiente momento, más elevado en el proceso del conocimiento). Tal pensamiento fuerte no sólo sería único él mismo sino que comportaría la conquista de un lenguaje único y la desaparición de todos los demás a no ser, quizás, para tareas domésticas, pero no para la literatura y el pensamiento. ¿Nosotros deseamos eso? ¿Pues no hemos advertido contra los desastres mortales de la homogeneidad?

Mi respuesta ante esta aporía es que el pensamiento en forma –o fuerte– en cuanto "único" no tendría que establecerse en el marco de una dialéctica en la que, como he dicho, las tesis antagonistas y las procedentes de otros campos (por ejemplo, el arte) serían preciosas para su propio desarrollo. Es en ir por esos caminos en lo que yo estaba de acuerdo con el biólogo Faustino Cordón cuando él nos animaba a los artistas a reunirnos con científicos para propiciar la creación de "una unidad de pensamiento" (con estas mismas palabras). Tal "unidad de pensamiento" no sólo no tendría nada que ver sino que se opondría al "pensamiento único" hoy impuesto por la *intelligentsia* que prospera en las cortes de Bush y sus cómplices europeos u otros, el cual trata de cubrir y determinar la marcha del mundo en el orden de una mundialización al servicio del Imperio –de un Imperio sin fisuras ni resistencias–; sino que el carácter dialéctico (en el sentido marxista, sin duda, con modulaciones como las debidas a Jean Paul Sartre –*Crítica de la razón dialéctica*– y otros pensadores neomarxistas) de esta "unidad de pensamiento", basada en una verificada complejidad de lo real, garantizaría la existencia de multitud de variedades y la reafirmación de una gran multiplicidad de lenguajes; y ello por la misma razón por la que hemos afirmado que una sociedad sin clases no habría de dar paso a una plana homogeneidad legislada, al menos metafóricamente, por el segundo principio de termodinámica (entropía), si se me permite esta incursión de profano en un campo que no me es, desgraciadamente, familiar; sino que abriría el campo a la floración de proposiciones contradictorias y, por ello, enriquecedoras del conocimiento humano al servicio de la exploración del Universo y de nuevas formulaciones metafísicas, sólidamente apoyadas en la gran tradición crítica de la filosofía occidental (Kant), a la par que esas formulaciones arriesgaban su validez en contacto fecundo con las filosofías del Oriente y otras.

En esta riqueza de contradicciones no toleradas sino fecundadas por un pensamiento fuerte-y-abierto (dialexis), el hombre que hoy mata al hombre (guerras, terrorismo) por razones ya patrióticas, ya de clase (económicas), sería un mal sueño del pasado. Habría quedado restaurada y establecida como fruto espontáneo y natural de un gran pensamiento, y no de una mera tolerancia condescendiente, la tesis de Castellion de que "matar a un hombre no es defender una doctrina sino matar a un hombre". Habría terminado, en fin, la prehistoria.

Evidentemente, me estoy situando en el terreno teórico de la imaginación dialéctica y de la utopía, tal y como trato de describirlo en obras recientes, aún inéditas, en las que afirmo –como aquí también lo hago– las virtualidades positivas de las *diferencias* con exclusión de las que se dan, en el capitalismo, entre las clases. El tema de la tolerancia quedaría saldado en la medida en que las tesis opuestas a las mías formarían parte de la verdad, y no meros objetos de mi tolerancia, pues yo (el filósofo de ese futuro, quiero decir) agradecería la existencia de esas tesis opuestas que operarían a favor de la retroalimentación de mi propio pensamiento, mientras que hoy mi tolerancia forma parte de mi soledad, de la soledad del condescendiente.

5.– *El buen intelectual es pacifista*

El buen intelectual es pacifista; yo tampoco, diríamos glosando a Salvador Dalí que en cierta ocasión declaró que Picasso era español "y él también"; que Picasso era un genio "y él también"; y que Picasso era comunista, "y él tampoco". Pasando a nuestro tema, a lo que yo quiero apuntar es a que, habiendo verdaderos pacifistas a ultranza, personas admirables, no pocos intelectuales –y la mayor parte de los políticos– entre los que se dicen pacifistas, lo son sólo cuando se trata de determinadas guerras y no cuando se trata de otras; así es ante la violencia terrorista por ejemplo, que rechazan, y hacen muy bien, mientras se muestran insensibles a las torturas que practica la policía y que forman parte de una guerra especialmente sucia (todas lo son, y también las de los pobres, todas). En cuanto a mí me he declarado con las anteriores palabras fuera de las filas de los pacifistas a ultranza, pues, como he dicho anteriormente, vi un arma de liberación en la metralleta del Che Guevara, en lo que me siento acompañado por el poeta Antonio Machado, que supo decirle a Enrique Líster durante la guerra civil: "Si mi pluma valiera tu pistola/de capitán, contento moriría". Habría, pues, que barrer las muchas hipocresías para llegar a elucidar cuántos son y dónde están los pacifistas a ultranza, mientras hoy se declara por la mayor parte de los intelectuales y los artistas, todos ellos bienpensantes, que ellos son pacifistas y admiradores de Ghandi, a cuyas huelgas de hambre atribuyen la independencia de India, mientras yo me supongo que algunos factores más contribuirían a que esa independencia se declarara. En cuanto a mí mismo, traigo aquí otra vez a colación la anécdota que he contado de Bergamín, porque yo también me hubiera puesto en la cola de los fusiles, en cuanto que teóricamente no soy un pacifista a ultranza, pero hubiera respirado con alivio al ver que los fusiles se agotaban antes de llegar a mi turno. Sobre mi horror a las armas, debo decir que hice las prácticas de la Milicia Universitaria en el Regimiento Wad Ras 55 de Campamento (Madrid), y que me tocaba un servicio de vigilancia en la ciudad para el que tenía que llevar una pistola en la cartuchera; problema que resolvía llenando la tal cartuchera de papeles de periódico que hicieran el bulto de la pistola, con lo cual me la jugaba ante mi capitán al modo de los pacifistas a ultranza; y que el abandonar esta índole de pacifismo ocurrió en función de las guerras, que yo llegué a admirar con toda mi alma, de "los condenados de la tierra", como antes he dicho. Así como llegué a descubrir los horrores de la "pacificación" de los territorios ocupados por las grandes potencias colonialistas. Por todo lo cual, ahora creo que se han de rechazar como hipócritas y nocivas para los pueblos todas las guerras "pacificadoras", y, desde luego, la filosofía que ocultan y cubren esas empresas "pacificadoras", punto de vista que no es de hoy, puesto que ya hace muchos años (es un ejemplo) que tuve ocasión de publicar en *El País* –periódico en el que colaboraba regularmente cuando todavía era un escritor bienpensante– un artículo del que hoy guardo memoria, y quizás el recorte en alguna carpeta, cuyo título expresaba puntualmente mi propia filosofía sobre este tema: "Modesta proposición –rezaba aquel título– contra la pacificación de Euskadi".

Ya entonces, y desde luego ahora, yo era un partidario ferviente de la paz, lo que es evidente en mi repertorio dramático, pero antes entendía, y ahora sigo entendiendo, la paz como un bello efecto de la abolición de las injusticias y de las opresiones en un país determinado, en lo que siento rozar mi codo derecho con el codo izquierdo de Immanuel Kant, y resonar en mi memoria su pequeño y gran escrito sobre *La paz perpetua*, que no es –y el filósofo lo decía en las primeras páginas– *la paz de los cementerios*.

Terrible es sin duda la historia de las pacificaciones, desde la *pax romana*, impuesta a un conjunto de pueblos a sangre y fuego (imperialismo), que fue vituperable aunque la cultura que se impusiera a aquellos pueblos fuera "superior" (con la herencia griega, y el componente judeocristiano conforman el esqueleto de "nuestra" cultura), superior, digo, a las que sojuzgaron. Es el caso que etnias y culturas "desaparecieron" por la fuerza de las armas, y que en el curso de aquella *pacificación* hubo episodios de masacre como la que Cervantes elevó al plano del arte del teatro bajo el título de *El cerco de Numancia*. Desde la *pax romana*, decimos, a otros hitos tan importantes como la historia de los grandes imperios europeos, con grandes genocidios como el del imperio español en América y el anglosajón sobre los "indígenas americanos", o, en el siglo XX, fenómenos como las "pacificaciones" de Indochina/Vietnam, o de Argelia, siempre en las manos de soldados armados hasta los dientes y en posesión de las armas de destrucción masiva que la tecnología de la guerra ponía en sus manos en cada momento histórico. (Por ejemplo, las bombas atómicas sobre Hiroshima y Nagasaki o el napalm en Vietnam). Las guerras del imperialismo han adoptado a veces la figura dulzona de unidades de soldados, también armados hasta los dientes, pero con sus cascos de acero pintados de un azul más o menos celeste. (Sin embargo, hoy por hoy, sigo escuchando a políticos –incluso de la izquierda abertzale– e intelectuales demócratas y progresistas apostar por *la pacificación de Euskadi*, e incluso por su "normalización", ¡como si *lo normal* –el cumplimiento de las "normas" del capitalismo neoliberal– fuera deseable para la buena marcha de la humanidad!

6.– *El buen intelectual es demócrata*

Esta afirmación supone el compromiso de los intelectuales "bienpensantes" con la democracia representativa, y la ignorancia de la crisis en la que vive –con todo su poderío– esta noción de democracia, bajo cuyo manto se han cubierto todo tipo de injusticias y de atentados a la libertad de los pueblos hasta culminar en la actual situación de dominio imperialista del mundo bajo esas banderas de una democracia hoy responsable de la gran extensión de la injusticia y de la mengua de libertades en todo el mundo, dependiente de los intereses del gran capitalismo neoliberal, indiferente a las grandes tragedias sociales que vive la mayor parte de la población mundial. El proyecto de una democracia participativa emerge con fuerza como contestación, en el marco de la filosofía contestataria, de la resignación ante este mundo, y que suele expresar su magno proyecto en la frase "otro mundo es posible". Experiencias en este sentido, de momento limitadas al ámbito de la administración municipal, pero con vocación de extensión a más altos niveles, son las que se vienen desarrollando en Porto Alegre, la capital del estado brasileño de Rio Grande do Sul, que además es sede del foro que desarrolla sus trabajos en el sentido de cambiar no sólo la cara sino las raíces del mundo.

(Sobre el primer aspecto, es muy notable el libro *Porto Alegre: la esperanza de otra democracia*, de Marion Gret e Yves Sintomer, que ha publicado en español la Editorial Debate, Barcelona, 2003).

7.- El buen intelectual, puesto a elegir, prefiere la injusticia al desorden

Ello nos hace ver, una vez más, que Goethe era un intelectual capaz de transmitir al futuro el mensaje de una "bienpensancia" que con frecuencia ha sido mal vista por los intelectuales y los artistas al servicio de la subversión de los buenos valores burgueses. Desde mi propia maldad –o dejémoslo en malicia–, prefiero la herencia de Immanuel Kant y de su apología de la Revolución Francesa, desde un punto de vista crítico que asumía los aspectos "malos" de aquella revolución, en los que hay que incluir el funcionamiento de la guillotina. Las cabezas que cayeron en su funcionamiento proponen, por cierto, una grave aporía a mi modesta idea de la distinción entre las violencias y los terrores del Poder y las violencias y los terrores generados en las filas revolucionarias, dado que aquel Terror para el que pedimos una especial consideración se produjo desde el Poder, desde el Estado. La resolución de esta aporía habría de basarse en la necesidad de autodefensa de un proceso cercado y amenazado, y por ello militarizado; argumento que se podría aplicar a la revolución soviética y que desembocaría en una comprensión, si no en una justificación, de la *cheka* y de la *GPU*. También sobre este tema habría mucha tela que cortar. Por mi parte, no creo en un determinismo que condujera necesariamente todo proceso de cambio radical a un momento en el que el terror social tuviera que apoderarse –por un tiempo más o menos dilatado– de la calle, y menos aún pienso en la fatalidad de una segunda fase en la que el Terror tendría que ser legalizado como un instrumento necesario para la salvaguarda de los cambios. El tema está muy bien planteado por Peter Weiss en aquella obra cuya columna vertebral es el debate entre Jean Paul Marat y el Marqués de Sade. También aquí es aplicable el método dialéctico que nos propondría no una tercera vía sino un replanteamiento de la noción de necesidad. Ahí tendríamos que pedir ayuda a las hazañas de la imaginación dialéctica.

Algunas conclusiones (aunque no sean conclusivas)

En realidad, no son siete temas los que hemos reseñado y sometido a nuestra crítica sino siete facetas de este diamante falso del humanismo, que yo estoy definiendo como "navideño", de los intelectuales que están, lo declaren o no, en la derecha de hoy en día. Aspectos positivos tiene, sin embargo, esa "bienpensancia" intelectual, y ellos han determinado a este tipo de intelectuales y artistas –incluso los del teatro y el cine– a incorporarse, estos días en que estoy escribiendo las presentes páginas, a las grandes manifestaciones mundiales contra el ataque del Imperio a Iraq, no sin proclamarse muchos de ellos –no sé si la mayoría de ellos– contra esta idea, que a mí me parece muy fundada, de la muy importante diferencia existente entre los hechos violentos terroristas o militares, según se miren, ya sean ejercidos por el Poder, ya subversivos, diferencia que para mí es intelectualmente irrenunciable, y ello contra el método de la bolsa o el saco en el que se mete y se revuelve "toda violencia, venga de donde venga". Muchos de estos intelectuales y artistas han escrito en la pizarra cien veces "ETA no" –como les han ordenado que hagan bajo pena de graves sospechas de complicidad con el terrorismo– para hacerse perdonar el haberse manifestado contra la Grande, Descomunal violencia del Imperialismo, y, lo que es peor, algunos de ellos se han manifestado en Euskadi y, por cierto, no contra ETA (que hubiera sido razonable en otro momento, e intelectualmente válido en el marco de la diferenciación entre las violencias de los poderosos y de los oprimidos) sino contra el Partido Nacionalista Vasco, partido reaccionario pero pacífico a ultranza, aunque ya su policía

(Ertzainza) está practicando malos tratos y tortura a los sospechosos de pertenecer a ETA o a la *kale borroka*, participando así estos artistas –vendiendo la dignidad de su imagen, proclamada unos días antes– en un acto de baja política ultra al servicio de la extrema derecha española que es donde se halla situada la organización "Basta ya". ¡Qué pena, qué pena! ¡Los artistas al servicio del orden impuesto por el sistema capitalista en su versión actual! En cuanto a la *intelligentsia* de la *bushérie*, ella apuesta, sin que a sus funcionarios (que presentan una *facie* de intelectuales independientes) se les caiga la cara de vergüenza, a favor de los ejércitos de Bush, y su gran aparato de destrucciones masivas, en aras de un inexistente armamento en Iraq, país que ya hace muchos años entró en el largo capítulo histórico de las poblaciones mártires, bajo el imperio de un embargo cruel y de bombardeos que no han cesado durante los muchos años que ya han transcurrido desde la llamada Guerra del Golfo; años de tortura bélica y económica que deberían haber hecho saltar de sus asientos a nuestros pacifistas y sonrojarlos por no haber saltado ante tales vergonzosas violencias. En cuanto al día de hoy, estamos viviendo en las vísperas de un apoteosis de la violencia y del Terror; en las vísperas de un Gernika (valga este símbolo) multiplicado por no sé qué número apocalíptico.

19 de febrero de 2003

Segundas conclusiones (algo más conclusivas)

Trato a continuación de establecer una teoría de las dos violencias como clave *sine qua non* de un pensamiento teórico al respecto del tema de la violencia, y movido por la presión que se ha ejercido en las últimas semanas sobre actores y gentes del teatro y el cine que se manifestaron contra el ataque bélico que George W. Bush y sus cómplices preparan contra Iraq; artistas a quienes se les ha reprochado no haberse manifestado previamente contra ETA, y que ha movido a algunos de ellos a participar en una manifestación politicaria contra el Gobierno Vasco. Algún comentarista ha dicho que, al parecer, para expresar cualquier juicio sobre (contra) el imperialismo norteamericano ha de pasarse previamente por una pizarra en la que habría que escribir al menos cien veces "ETA no" o algo parecido.

Mi teoría de la violencia de motivación política parte del supuesto de que no es posible pensar este tema ni ningún otro sobre la base de un revoltijo de los datos de que se disponga. Distinguir es pensar –tal es mi supuesto–, o, por lo menos, comenzar a pensar. Y de ahí que determinados luchadores de la paz o por la paz (entre los que me encuentro) mantengan posiciones particulares según la genealogía de los actos violentos que se trata de dilucidar y entender, con el propósito, claro está, de que tales actos dejen de producirse y se abran caminos –grandes avenidas, como dijo Salvador Allende en trance de morir él, víctima de la violencia terrorista de la sublevación militar– para la paz.

En términos generales, es de considerar la existencia, *grosso modo*, de dos líneas de violencia en la historia de la humanidad, con especial relieve en los siglos XIX y XX: la violencia de los ricos y la violencia de los pobres, como expresión de la sociedad de clases.

1.- La primera incluye la de los poderosos, los opresores, los explotadores, los capitalistas, los imperialistas, los burgueses, los líderes políticos de los grandes Poderes injustos, sus funcionarios militares, policíacos y administrativos, reaccionarios y represivos, los agentes del terror blanco.

2.- La segunda incluye la de los marginados, la de los oprimidos, la de los explotados, la de los revolucionarios, la de los proletarios en lucha, la de los colonizados, la de los subversivos y sediciosos violadores del sistema capitalista, y, en fin, la de los agentes del terror rojo.

En principio parece que esta división nos invita a estimar con una particular benevolencia o lenidad –y hasta deseables en algunos casos– las violencias reactivas ante las violencias estructurales del Poder, y esto será así siempre que introduzcamos en el sistema un factor que desbarata *ipso facto* la simplicidad de un binomio que no estimara la totalidad de los datos en presencia: ¿Y si el Orden cuestionado y ante el que adquiriría un grado de legitimación la violencia es el *Orden Rojo?* Pensemos en la guerra civil en Rusia, una vez instalados los soviets en el Poder, y la resistencia guerrillera contrarrevolucionaria y el uso por parte de esta fuerza militar de un *terror blanco;* o bien, lo que significaron movimientos obreros e intelectuales anticomunistas o neo-comunistas como los que emergieron, durante el tiempo histórico del "socialismo real", en la "Alemania Democrática", en Polonia o en Hungría.

En tales casos, cuando el orden fuera "rojo", ¿el terror blanco entraría en el campo de la violencia justificable como violencia de los oprimidos ante los opresores? ¿Los "guerrilleros blancos" serían parientes, más o menos lejanos, del Che Guevara? ¿O es por ahí por donde pasaría la línea distintiva –y hasta de fractura– entre las dos violencias, y entonces habría, para la izquierda (hoy "malpensante", a la que yo pertenezco), los guerrilleros "buenos" –los que actuarían contra los "poderes blancos" o capitalistas– y los guerrilleros "malos", que ejercerían sus violencias "contra el comunismo", como hacían los "contras" nicaragüenses? Parecerá una postura maniquea, *pero ciertamente es así*, y en esta opinión se revela mi "malpensancia", mi condición de "intelectual no humanista", y, en fin, "malo", a la altura de estos tiempos en que la izquierda intelectual se ha colocado definitivamente *en la derecha*. Pero así es la realidad: en ella no es que haya buenos y malos, pero sí que hay el bien y mal, aunque se presenten en formas muy complejas y enmascaradas. Así es que anoto, como partidario de un pensamiento fuerte, que la línea divisoria entre unas y otras violencias –o entre una y otra violencia– *es política*, y que lo *rojo*, esté donde esté, merece al menos el beneficio de los matices en cuanto a la tentación de "condenar" sus comportamientos. En cuanto a mí, no siento la menor necesidad de condenar antes al grupo Al Quaeda o a Ben Laden o a Saddam Hussein o de decir algo sobre ETA o sobre el IRA para permitirme declarar mi crítica de fondo a la filosofía y las estrategias del Imperio norteamericano en su fase actual; y ello es así, en términos teóricos, porque el imperialismo norteamericano *es otra cuestión*, está en otro capítulo, y hasta quizás en otro libro del panorama ontológico, a pesar de que en los dos territorios se disparen tiros y estallen bombas.

No parece que haya que discutir a estas alturas, una vez que ya sabemos que todo está en relación en el cosmos, que cada vez que se habla o se escribe sobre una cosa sea necesario hablar o escribir sobre todas las demás, incluso las ontológicamente emparentadas; y en cualquier caso uno se considera a sí mismo muy dueño de elegir y ordenar los temas de sus reflexiones. Afortunadamente para que algunos motivos queden aclarados, en estas páginas he sentido una gran necesidad de elaborar aunque sea levemente este tema de la violencia en la forma en la que lo estoy haciendo: indicando la bipartición de este fenómeno como formando parte de mi modesta filosofía.

Es de anotar que me encuentro entre los pocos autores del área de la lengua española –al menos que yo sepa– que han dedicado una atención muy inquieta y acaso acertada al tema del "terrorismo" como actividad política. Quienes conocen mi obra teatral saben que a mis veintipocos años (años cuarenta), y simultáneamente con Albert Camus *(Les justes)*, abordé este tema *(Prólogo patético)*, sobre la base de un proceso al "terrorismo" que se celebró en la Francia ocupada por los alemanes, y del que yo tuve una casual noticia por el simple hecho de que estudiaba francés y compraba algunos diarios y semanarios franceses para habituarme a la lectura de esa lengua. Por cierto que sobre aquel proceso –que también dio lugar a un film, *L'affiche rouge*– acaba de hacerse memoria en el periódico *Solidaridad* (número 6, febrero, 2003), editado por Socorro Rojo Internacional, y vinculado al PCE(r) y a los GRAPO[1], por cuyos militantes he tenido siempre una actitud muy respetuosa, y hasta en ocasiones admirativa, en función de esta filosofía que aquí estoy tratando de exponer. Aquel grupo, según este recuerdo, lo dirigía un poeta armenio llamado Manouchian, que fue fusilado, lo mismo que otro componente, este español, del comando, de nombre Celestino Alfonso, que durante tres meses fue sometido a torturas, acusado –y probablemente era cierto– de "haber ejecutado al general alemán de las SS Writter". El comando –dice este testimonio– "lo componían diez hombres", y las autoridades de Vichy "habían puesto precio a sus cabezas" y se recuerdan los nombres de algunos de aquellos resistentes –"terroristas" en el lenguaje de Vichy–, casi todos judíos; así, Crzywacz (polaco), por dos atentados; Elek (húngaro), por ocho descarrilamientos de trenes; Wasjbrot (polaco), por un atentado y tres descarrilamientos; Witchitz (húngaro), por quince atentados; Fingerweig (polaco), por tres atentados y cinco descarrilamientos; Boczov (húngaro), jefe de descarriladores, veinte atentados; Fontanot (comunista italiano), por doce atentados (aquí debo rectificar porque conservo en mi memoria el nombre de este militante, que en realidad se llamaba Spartaco Fontano); el español Celestino Alfonso, que ya hemos nombrado, por siete atentados, entre ellos los de aquel general; Rayman (polaco), por trece atentados; en cuanto a Manouchian, jefe del grupo, se le atribuían nada menos que cincuenta y seis atentados, con ciento cincuenta muertos y seiscientos heridos.

---

1 N. de la E.: la sigla PCE(r) refiere al Partido Comunista de España (reconstituido); y GRAPO al Grupo de Resistencia Antifascista Primero de Octubre.

(Recuerdo que cuando yo leía entonces las crónicas sobre el proceso, que ya he citado en otras partes, me preguntaba dónde estaban los franceses; y observé cómo un argumento contra ellos por parte de los alemanes y de los colaboracionistas franceses era el de que los disturbios eran ocasionados por asesinos terroristas extranjeros. Luego he podido escuchar testimonios de resistentes franceses, y he sentido, en sus relatos, el escalofrío que ellos mismos sentían cuando disparaban, por ejemplo, a la cabeza de un oficial alemán. Rememorando aquellos hechos, y hablando del tema de las condenas, quiero decir que condeno la ocupación de Francia por los nazis y que siento admiración por los héroes de la Resistencia contra ellos, la mayor parte comunistas, pero también católicos, y todos a las órdenes, en el último tramo, del General De Gaulle. Sobre la relatividad de las nociones de patriotismo y terrorismo, algo escribí en mi antiguo drama *La mordaza* (1954), como un momento de mi desgarradora reflexión sobre la violencia y las guerras).

Mi encuentro con el comunismo y las tragedias de los procesos revolucionarios forma parte de este desgarramiento. Viviendo en un país (la España franquista), en el que los comunistas eran de la piel del diablo y se descargaba sobre ellos toda índole de acusaciones y torturas y, en fin, condenas a muerte y las correspondientes ejecuciones, bajo la acusación de practicar el terrorismo, yo me planteaba reconsiderar las tesis de la propaganda fascista y analizar el terror –indudable– generado por los procesos revolucionarios, para tratar de descubrir, digamos, sus entrañas, su esencia, y ello a través de la práctica de la revolución comunista que se inició en Rusia con la tentativa de 1905. Es un proceso que se puede proponer en sus tres momentos esenciales: desde las ejecuciones populares incontroladas de las primeras horas –que corresponden a los famosos "paseos" de las primeras semanas en el "Madrid rojo"– y la lucha armada (rebelión de los marineros, asalto al Palacio de Invierno...), a la KGB, pasando por la *cheka* y por los posteriores momentos definibles, a través de sus siglas, de la "policía revolucionaria": GPU y NKVD, instituciones instaladas en la famosa y "terrorífica" calle Lubianka, sede central del "terror rojo". ¿Pero qué pensar de todo esto? ¿Todos los Terrores políticos –incluso los más justicieros, y no sólo el de la Gestapo alemana o el de la PIDE salazarista portuguesa o el de la BPS franquista en España– son malos? ¿O habría sido, si no "bueno", sí explicable y hasta cierto punto justificable, el terror espontáneo de las primeras horas revolucionarias en Rusia, luego "regular" (o menos malo o discutible) el de la *cheka,* y definitivamente "malo" –¿o no?– el de la GPU (OGPU), el de la NKVD, y, en fin, el del KGB? ¿Y qué pasa, a todo esto? ¿Es que siempre ha de ser *necesario el Terror* para garantizar el proceso "rojo"? ¿No podrá haber, pues, una revolución –un cambio justiciero del mundo– *sin terror?*

Regresando en nuestra memoria, no creo que nadie medianamente informado ignore los beneficios históricos de la Revolución Francesa, que es como decir la liquidación (desdichadamente parcial y con mil incidencias de reinstalación del pensamiento monárquico) del Antiguo Régimen y el arranque de las Repúblicas burguesas, con la irrupción contrarrevolucionaria pero a la par revolucionaria (paradojas de la historia), de la empresa militar-imperialista de Napoleón Bonaparte sobre Europa. Pues bien, fue durante ese período revolucionario cuando se estableció en Francia la legalidad del Terror, en los términos que se pueden repasar en cualquier manual de la historia de Francia. Mirando por encima algunas páginas de un libro ya clásico, al menos para la vulgarización de aquel período de la Historia de Francia, la *Histoire de la Révolution Française* de Albert Soboul, encontramos en él con facilidad algunas notas características de aquel momento en el que el Terror conquistó, en el proceso revolucionario, carta de una naturaleza política que ha resultado evidente para todos, dado el carácter no sólo europeo sino universal de aquella gran revolución burguesa. (Citamos, traduciendo nosotros, del libro de Soboul, publicado en la Colección Idées de Gallimard,

París, 1962). El Terror –leemos en esta obra, pero se puede encontrar este dato en cualquier otra–, así escrita la palabra, con mayúscula, "organizado en septiembre de 1793, no fue verdaderamente puesto en marcha hasta octubre del mismo año", y ello "bajo la presión del movimiento popular. Hasta el mes de septiembre, de las 260 personas conducidas *(traduites)* al Tribunal revolucionario, 66 habían sido condenadas a muerte, o sea, alrededor de la cuarta parte". Pero "los grandes procesos políticos empezaron en octubre", y el pensamiento revolucionario se expresó en términos de alabar y hasta jactarse de "las virtudes de la *Santa Guillotina*" y "protestar de antemano contra toda clemencia". "En los tres últimos meses de 1793, de 395 acusados, 177 fueron condenados a muerte, o sea, un 45%. En cuanto al número de detenidos en las prisiones parisienses aumentó desde alrededor de 1.500, hacia finales de agosto, hasta 2.398 el 2 de octubre, y 4.525 el 21 de diciembre de 1793". Este era, pues, el reinado del Terror, el cual –dice Soboul– era "esencialmente político" y "revistió frecuentemente por la fuerza de las cosas un aspecto social", dado que "los representantes en misión no podían apoyarse más que sobre la masa de los *sans-culottes* y los cuadros jacobinos". No se trató, pues, de "algunos excesos" lógicos –o ilógicos– que se produjeran en una violenta tempestad espontánea, en una crisis de falta de control, durante unos días, sino de una situación políticamente ordenada en términos parlamentarios. A pesar de lo cual Kant –¿un intelectual sedicioso y "malpensante"?– no se sintió obligado en conciencia a "condenar" el terror jacobino para cubrir así su elogio decidido de la Revolución Francesa. Es seguro que Kant entendió muy bien esta cuestión, que todavía hoy yo me veo obligado a aclarar, de las diferencias que se dan entre las distintas genealogías, formas y significados de las violencias humanas, las cuales no se pueden ocultar o mixtificar poniéndolas todas juntas y revueltas en un saco. La lucha de las clases y de los pueblos colonizados contra sus colonizadores es la clave que, antes de ser teóricamente explicitada por Marx, palpitaba ya en el corazón de cualquier filosofía crítica, a pesar de que los humanismos abstractos hayan tratado siempre de emborronar este pensamiento ciertamente radical —y a mucha honra—, poniéndose así, de hecho, estos humanismos, al servicio de los poderes opresivos y de la perpetuación y la consagración de la injusticia; remitiendo así, en el mejor de los casos, la causa de la justicia a una instancia ultramundana, ultraterrena (religión): ¡Lo que aquí va mal irá bien en otra parte, para lo cual lo único que hay que hacer es morirse!

En el ensayo de Norman Hampson "De la regeneración al terror: la ideología de la Revolución Francesa", contenido en el libro de Noel O´Sullivan *Terrorismo, ideología y revolución* (Alianza Editorial, Madrid, 1987), su autor analiza el paso del proceso de la Revolución Francesa al Terror, y luego a la consolidación de esta situación, hasta que el 30 de agosto de 1793 "los jacobinos fueron urgidos a poner el Terror en el orden del día"; y ya el 5 de febrero de 1794 "Robespierre definió el gobierno revolucionario como basado en los pilares gemelos de la *vertu* y el Terror". Es cuando "la palabra *terror* recibió [...] *droit de cité* de los revolucionarios franceses"; sólo que "terror —dice Hampson— no era lo mismo que terrorismo". ¿En qué sentido? En el de que "significaba algo más afín a una versión política de la ley marcial, administrada por el Gobierno de acuerdo con reglas que ponían los presuntos intereses de la sociedad por encima de los del individuo".

Algo semejante se puede decir del terror "rojo", una vez establecido —de un modo más o menos frágil— el Estado Soviético, situación que es la que nos plantea la espinosa cuestión de si un poco o un mucho de terror —que entonces sí es terrorismo, al menos desde el punto de vista de los agentes del Estado a la sazón imperante y que se trata de desmontar y destruir— se impone o no como necesario si se intenta de verdad cambiar una situación generalmente acorazada por el Poder opresivo, ya fuere el *Ancien Régime* de la Francia de finales del siglo XVIII, ya el zarismo ruso a finales del siglo XIX y dos primeras décadas del siglo XX. ¿De qué manera venía pertrechado teóricamente el movimiento revolucionario para tales batallas por la conquista del poder para el socialismo?

Ya desde el otoño de 1848, Marx había declarado –cito del libro *La revolución bolchevique* (1917-1923), de E. H. Carr, Alianza Editorial, Madrid, 1973, tomo I– que "después del *canibalismo de la contrarrevolución* (refiriéndose, pues, al asalto revolucionario al poder que se intentó por aquellas fechas en Francia), no había más que un medio de *cercenar*, simplificar y localizar la sangrienta agonía de la vieja sociedad y los sangrientos dolores de parto de la nueva, un único medio: el terror revolucionario" (ver la página 172 de la citada edición, y las siguientes, en donde se encontrarán las referencias bibliográficas oportunas); apoyando Marx su punto de vista mediante su tributo "a Hungría como la primera nación que desde 1793 había osado *salir al encuentro de la rabia cobarde de la contrarrevolución con la pasión revolucionaria; al terror blanco con el terror rojo*". Luego vendrían nuevas llamadas a un humanismo desde el que rechazar esas violencias, y así "el programa del partido comunista alemán elaborado por Rosa Luxemburgo en diciembre de 1918 rechaza el terror en forma expresa: *En las revoluciones burguesas, el derramamiento de sangre, el terror y el asesinato político eran armas indispensables de las clases que se levantaban, pero la revolución proletaria no necesita del terror para lograr sus propósitos y odia y abomina el asesinato*". ¡Bienaventurada Rosa, cortada en la flor de su vida, asesinada ella misma! A pesar de cuyo humanismo –que le impedía ver, por ejemplo, la importancia de los problemas nacionales, y hasta el hecho de que ella misma fuera polaca–, en Rusia, nos dice Carr (página 173), "la doctrina del terror revolucionario no fue nunca rechazada por ningún partido revolucionario", hasta el punto de que "la controversia que sostenían encolerizadamente los socialdemócratas rusos y los social-revolucionarios a este respecto, se encauzó, no en cuanto al principio del terror, sino en cuanto a la conveniencia del asesinato de individuos como arma política".

En cuanto a Lenin, "educado en las escuelas revolucionarias jacobina y marxista, aceptaba el terror en principio, aunque, en común con todos los marxistas, condenaba como inútiles los actos terroristas aislados". "En principio (escribía en 1901, y yo sigo citando a Carr), no hemos renunciado (Lenin) nunca al terror y no podemos renunciar", porque "es una de las acciones militares que puede ser totalmente ventajosa e incluso esencial en un cierto momento de la batalla, en una cierta situación del ejército, y en ciertas condiciones; pero el quid de la cuestión es que el terror, en el momento actual, no se utiliza como una de las operaciones de un ejército en el campo de batalla estrictamente coordinada y conectada con todo el plan de la lucha, sino como un método independiente de ataque individual separado de cualquier ejército". No se estaría, pues, contra el terror (que dentro de una estrategia militar sería aceptable e incluso recomendable), sino contra el terror mal administrado, que entonces sería, efectivamente, no ya Terror político –con la legitimidad que eso comportaría– sino terrorismo individual. La diferencia entre el terror blanco y el terror rojo estaría, entonces, en que este aceptaría serlo (sería el momento del terror, en el curso de una estrategia militar) mientras que el terror blanco negaría serlo (ser tal terror "militar"), pues a lo más, ya hoy, los estrategas del Imperialismo, "lamentan" ciertos "daños colaterales" de acciones militares "limpias" e incluso "humanitarias", "en la defensa mundial de los valores democráticos". Mientras que el terror rojo es –y no se niega, nunca negó que lo fuera– *terror*.

¿Pero es este un círculo vicioso del que nunca hemos de salir? Proyectos justos y deseables, ¿han de ser acompañados del estallido de "cartas bomba" en un domicilio o de coches explosivos en una calle o de metralla en el retrete de un supermercado? Si miramos hacia un pasado (que, desde luego, hemos de reconsiderar, porque hay que tratar de evitar que lo que ese pasado tiene de erróneo y hasta de muy lamentable y doloroso se reproduzca de algún modo en el futuro), es interesante recordar que fue Trotski y no Lenin quien más rígidamente se expresó al respecto del uso de la violencia –y del terror– por parte de las fuerzas revolucionarias; pero asimismo Lenin había manifestado, "dos meses antes de la revolución de Octubre" (Carr, página 173), que "cualquier clase de gobierno difícilmente puede prescindir de la pena de muerte aplicada a los *explotadores*" (es decir, terratenientes y capitalistas), recordando que "los grandes revolucionarios burgueses de Francia realizaron su revolución hace 125 años y la realizaron con grandeza por medio del *terror*". Pero, como decimos, es a Trotski a quien se deben advertencias como ésta "pública y feroz" (Carr), después de derrotada una revuelta de cadetes al poco del triunfo revolucionario: "Retenemos prisioneros a los cadetes como rehenes. Si nuestros hombres caen en las manos del enemigo, sepa este que por cada obrero y cada soldado exigimos cinco cadetes. Creen –añade Trotski– que hemos de ser pasivos, pero demostraremos que podemos ser implacables cuando se trata de defender las conquistas de la Revolución". O en otro momento: "No vamos a entrar en el reino del socialismo con guantes blancos y sobre un suelo encerado". O en otro: "En tiempos de la Revolución Francesa fueron guillotinados por los jacobinos, por oponerse al pueblo, hombres más honrados que los cadetes; no hemos ajusticiado a nadie y no pensamos hacerlo, pero hay momentos en que la furia del pueblo es difícil de controlar" (recordemos el componente de exigencia popular que tuvo el Terror jacobino). Completando este recuerdo, oigamos a Trotski expresarse, una semana antes de crearse la *cheka:* "Protestáis contra el blando y débil terror que estamos aplicando frente a nuestros enemigos de clase, pero habéis de saber que, antes de que transcurra el mes, el terror asumirá formas muy violentas siguiendo el ejemplo de los grandes revolucionarios franceses. La guillotina estará lista para nuestros enemigos, no ya simplemente la prisión". (No es preciso recordar el destino trágico de Robespierre y Trotski, para completar esta fotografía del terror revolucionario, lo que se ha expresado con la frase que se hizo popular de que las revoluciones devoran a sus propios hijos).

¿Pero quién ha dicho, y por qué, que las cosas *tengan que ser* así? ¿Habrá que resignarse a tamaños horrores quienes participamos del ferviente deseo de que grandes revoluciones sean capaces de "cambiar el mundo", como ahora se está diciendo y resuena en los recientes foros sociales contra la globalización capitalista? ¿No habrá otros caminos que los de la resignación, ya que las cosas sigan como están, ya que, al intentar cambiarlas, se produzcan inevitablemente las exigencias del Terror? Las revoluciones, ¿han de tener un componente *militar* o renunciar a ser? ¿Y no es verdad que todos los medios militares son horripilantes, incluso los más "respetuosos" con los riesgos de que se produzcan "daños colaterales"? El "antimilitarismo" se ha presentado como un ingrediente de la "violencia revolucionaria" (militares sí, se ha dicho, pero no militaristas); pero –dado lo horripilante, como decimos, de todo lo militar (y no sólo de lo militarista)–, ¿no llegará el momento en el que haya que meter en el baúl de los recuerdos la metralleta del Che y los fusiles vietnamitas que disparaban a las órdenes del general Giap, con gran alegría por mi parte? ¿Llegará ese momento histórico en el que las buenas palabras lleguen a servir para algo y en que todo lo que no sean buenas palabras pueda ser considerado, sin más ni más, y en verdad, vituperable terrorismo? ¿El ghandismo será entonces –por fin y con validez general– el faro del futuro? (¿Por qué se podrá afirmar que en su tiempo Ghandi consiguió la independencia de India por medio de ayunos? ¿No hubo otros factores?).

Desde luego, es bello pensar que los vietnamitas del futuro –los pueblos que entonces se hallen en ese trance– podrán resolver la cuestión de su liberación en términos parecidos a estos: "Miren ustedes, señores militares norteamericanos (o a quien corresponda entonces), no es justo lo que están haciendo con nuestro pueblo. Con todos los respetos, hemos de decirles que sería conveniente que ustedes retiraran sus tropas, y sus bellos aviones de bombardeo y sus poderosos carros de combate, de nuestro país, y que dejaran de regalarnos con su napalm y de quemar a nuestros niños, y que nos permitieran vivir en paz. Por ello les quedaríamos eternamente agradecidos". Se supone –para justificar esta "vía pacífica"– que entonces los soldados norteamericanos al servicio del Imperialismo se avergüenzan un poco, sus mejillas se colorean y una sombra de mala conciencia les acompaña hasta la salida del país; y que se marchan. ¿No es un bello sueño? "Lástima grande –como escribió el poeta Argensola ante un cielo que parecía azul– que no sea verdad tanta belleza". ¡En tal caso, habría terminado la prehistoria!; y para que ello suceda ciertamente hay que intentar nuevas vías que yo supongo instaladas en aquella noción anarquista de la "acción directa", que no se refería a liarse a tiros o a poner bombas, aunque eso les achacaban sus enemigos, sino a la implicación en un sistema democrático *ad hoc*, participativo, que surgiera sobre las ruinas teóricas actuales de la democracia representativa. En tal dirección creo que se producen las iluminaciones, todavía incipientes, que van en el sentido de reivindicar los fueros de unas democracias asamblearias, que acaben con las urnas de las democracias representativas, y eleven la calle al Poder. Es así como un lema de esta nueva democracia podría formularse de este modo: "La calle al poder". Es todavía un sueño, pero ya nos permite pensar en un sentido en que se rechace la línea –quemada por la práctica– de lo que se llamó *la dictadura del proletariado* y la necesidad de una *cobertura de terror*. Entonces la violencia *pour le bon motif* ("buena", vista desde una izquierda revolucionaria, hoy "malpensante") acabaría también, junto a la violencia estructural del capitalismo y del imperialismo (la "mala", desde ese punto de vista), en aquella bolsa en la que los humanistas abstractos (los intelectuales bienpensantes) trataron de recluirla –tratan de recluirla hoy– antes de tiempo; y la línea divisoria entre *las dos violencias* dejaría de ser un criterio para la acción. En tales momentos –utópicos hoy por hoy– sería legítimo estar contra toda violencia *venga de donde venga*. Mientras tanto, a mí –en cuanto artista situado en el eje del mal definido por Bush– me parece que no.

El fracaso, en el inmediato pasado, de la dictadura del proletariado, a pesar de –o a causa de– su militarización, por otra parte obligada ante el gran cerco a que la revolución en la URSS fue sometida por el imperialismo desde las mismas fechas de su triunfo en el año 1917, que condujo a una situación análoga a la de las democracias representativas (a una sustitución del pueblo por una clase política), nos pone en el trance de buscar *una nueva vía*, que, en mi opinión, podrá echar mano de algunos sueños anarquistas de los siglos XIX y XX. Será el reinado, por fin, de la acción directa de los ciudadanos sobre la sociedad en la que viven, por medio de la cual intervendrán en las cuestiones esenciales de la vida humana. Directamente, pues, y no por medio de delegaciones burocráticas. ¿Pero para llegar a eso no habrá que asaltar antes con las armas en la mano los Palacios de Invierno del capitalismo? ¿Habrá otros caminos para ocupar niveles superiores a los municipales por medio de movimientos democráticos participativos? ¿Se puede suponer que las urnas sean esos medios para iniciar procesos que luego se impondrían por la fuerza de la acción directa de los ciudadanos?

¿Podemos pensar ya en Porto Alegre como una esperanza verdadera? ¿O en que el triunfo en las urnas de Brasil de un Presidente (Lula) que asumiría –que dice asumir– las reivindicaciones de los condenados de la tierra es el comienzo de esa nueva vía? ¿De qué manera va a terminar –o a seguir– el movimiento "bolivariano" en Venezuela? ¿Lo mismo que acabó la revolución democrática y pacífica de Salvador Allende en Chile? ¿Cómo se destruyó a Jacobo Arbenz y su gobierno pacífico y democrático en Guatemala? ¿Qué fue de su pacifismo, ante las armas del Coronel Castillo Armas al servicio de los Estados Unidos? ¿No estamos hoy *todavía en aquel momento?* Entonces, lo que se llamaba "dictadura del proletariado", tal como la preconizaban sus creadores, ¿no dice algo todavía sobre la necesidad de que las revoluciones se armen, primero para conquistar el poder y luego para defenderlo? "El fetichismo de la mayoría parlamentaria –escribía Trotski (ver el libro *Terrorismo y comunismo* en colección 10/18 de la Unión General de Ediciones, París, 1963)– no implica sólo renegar brutalmente de la dictadura del proletariado, sino también del marxismo y de la revolución en general". De manera que: "Si hay que subordinar en principio la política socialista al rito parlamentario de las mayorías y de las minorías, entonces no queda lugar, en las democracias formales, para la lucha revolucionaria". ¿Esto es, leído hoy, *paleomarxismo?* ¿Pero qué está ocurriendo hoy en los parlamentos democráticos? Cada vez está más clara la gran contradicción entre las urnas y la calle, y la tendencia de la calle a constituirse en plataforma de las ideas de una izquierda traicionada en los parlamentos (particularmente por los partidos socialdemócratas, pero también por los partidos comunistas) y a revestirse, en esa "calle", de un poder que queda legitimado por el mero hecho de existir. James Petras, en su libro *Entre las urnas y la calle. Ensayos para una dialéctica de nuestro tiempo* (Hiru Argitaletxea, Hondarribia, 2003), se expresa en la siguiente forma (páginas 10 y ss): "La máxima expresión de la izquierda realmente existente se encuentra hoy –escribe Petras– en los grandes movimientos sociopolíticos y en los alzamientos populares de carácter organizado como los que han derrocado a dos presidentes en Ecuador, a cuatro presidentes en Argentina y al presidente de Bolivia". La acción de esta izquierda, en sus distintas "expresiones, demandas y formas de acción", tiene como "vínculo común", el hecho de que "descansa en movilizaciones masivas en la calle –acción directa– y su rechazo del imperialismo americano [...]".

Para Petras, "las manifestaciones masivas de Seattle, Londres, Génova, Melbourne, Barcelona, han sido mucho más eficaces para politizar y activar una nueva generación de jóvenes que todas las campañas electorales de *izquierda y centro-izquierda* juntas", "mucho más efectivas [...] que cualquier crítica realizada en el Congreso" para "llamar la atención sobre las injusticias del Nuevo Orden Imperial y las organizaciones financieras internacionales (FMI, Banco Mundial, IDF, etc.)" y "para generar solidaridad internacional con los pobres y explotados del Tercer Mundo". En resumen, Petras piensa que, hoy, "la calle y no la urna electoral es el camino para la creación de auténticas formas de representación democrática en contra de las instituciones políticas oficiales marcadas por la corrupción, la impotencia y la complicidad".

Podrían llamarse así –"auténticas formas de representación democrática"– a las que sería más ajustado definir como "formas de participación". Pienso que la inspiración de tales formas puede encontrar su origen en experiencias como las que han sido históricamente iluminantes, tales que la actividad, en algunos momentos, de consejos obreros y ciudadanos no sólo capaces de organizarse –lo cual es preciso para la efectividad de sus acciones– sino, lo que no es menos importante, de disolverse una vez cumplida cada misión, y ello con objeto de evitar la formación de una "clase política", "representativa" y, claro está, burocratizada (esa peste).

Terminaremos este pequeño trabajo aventurando unos pronósticos no demasiado aventurados, por otra parte, y hasta casi obvios, porque la cosa es tan sencilla como esta, que tiene todos los aires de una tautología: "El caso es que no habrá ya más violencia subversiva (guerra o terrorismo, según se mire) *cuando haya paz*". O sea que no es que habrá paz cuando cese la violencia subversiva. Los procesos (militares o políticos) de "pacificación" –lo he dicho en otros momentos con estas o parecidas palabras– no son generadores de paz sino que abren la ocasión a más fuertes y complejas formas de subversión violenta. Es de temer hoy, en las vísperas de un ataque inmisericorde a Iraq, sobre cuyos pueblos se van a arrojar miles de toneladas de muerte, que florezcan en el futuro las rosas más sangrientas del "terrorismo internacional", y quienes no vean esto están ciegos o forman parte de la gran empresa (asesina en el sentido fuerte) del imperialismo. Los ejércitos no consiguen la paz; eternizan las guerras. La pacificación con que terminó la primera guerra mundial fue el germen de la segunda; valga como un ejemplo entre otros muchos que los historiadores podrían aportar sin gran esfuerzo. El caso es que habrá paz cuando haya libertad y justicia, y no que habrá libertad y justicia cuando haya orden.

Aclaradas las cosas en sus términos esenciales, quedan como verdades algunas ideas como la de que la diferencia que se admite acríticamente entre una acción militar y una acción terrorista reside en quién sea el sujeto de la acción; y así los bombardeos de Gernika o Hiroshima fueron acciones militares y una botella de gasolina contra una comisaría es terrorismo.

Personalmente me considero algo así como un practicante de las diferencias —acaso ello fue lo que me condujo al campo de la dramaturgia— y eso explicaría fenómenos como el de que yo jamás admití, durante la guerra fría, la doctrina de los dos imperialismos, norteamericano y soviético; pero fui más tardío en el descubrimiento de las virtudes de la "acción directa" de estirpe anarquista, y en reivindicar esa noción —tan lejana, ciertamente, del uso de las bombas, tópico que cultivaron incluso grandes escritores como Conrad o Chesterton, y que es la base de muchas caricaturas de la acracia—, esa noción, decimos, de "acción directa" como supresión metódica de las mediaciones "políticas" profesionales, y afirmación de la efectividad de comisiones no permanentes (como empezaron siendo, durante el franquismo, las "comisiones obreras", luego transformadas en una burocracia sindical). ¿Se rechaza, pues, la noción de representatividad? (Parece que nosotros lo hemos hecho en nuestro comentario al texto de Petras). No, no; pero afirmamos el carácter fugaz de esa representación. Los consejos obreros surgen, actúan y mueren, regresando sus miembros al trabajo productivo o intelectual (a su trabajo profesional de todos los días). Nuestra Utopía dice, pues: ¡En aquella ciudad del sol *no habrá clase política!* La llamada "clase política" es una lacra. Y así nos reafirmamos en nuestra idea de que la profesionalización de la representatividad política *es una peste (burocrática)*, y ello es así en la democracia representativa, como también lo fue en los sistemas del "socialismo real" bajo el modelo soviético, donde se reafirmó como fuente de muchos males, que contribuyeron a la caída de todo aquel magno edificio.

Por lo demás, el desprestigio actual de la "clase política" en las democracias neo-liberales es un hecho consumado y seguramente irreversible. Ese desprestigio dibuja el final de una ilusión, a la que los fascismos habían dado una respuesta que fue, sin duda, peor que la enfermedad.

Hondarribia
5 de marzo de 2003

ANEXO

Para el "matizado" de algunas de las ideas aquí expuestas, y sobre todo para aclarar algo sobre su genealogía y el proceso que me ha conducido hasta el momento en que he escrito este librito y el anterior *(Los intelectuales y la utopía)*, quienes se interesen hasta ese punto sobre el tema, pueden leer algunos de los trabajos contenidos en mi libro *¿Dónde estoy yo?* (Hiru Argitaletxea, Hondarribia, 1994), a saber: "¿O pluma o metralleta?" (ponencia para un congreso, escrita en Cuba, 1967); "Sobre el terrorismo y la violencia" (tres artículos publicados en el diario *El País*, 1980, y dos en el diario *Egin*, 1981); "Un modesto argumento contra la pacificación de

Euskadi" (*El País*, 1984); "Sobre, por, contra el humanismo" (1985, para la revista *Larrun*); "El lenguaje institucional como mixtificación en el tema de la violencia y el terrorismo" (inédito hasta que se publicó en el libro que estamos citando); "Sobre la tortura" (tres artículos publicados en *El País*, noviembre 1984; "¿Columna o lacra?" (1987, publicado en un folleto); "Usted no puede hacer conmigo lo que quiera" (*El Mundo*, junio 1991); "La guerra, el terrorismo de los fuertes" (*El Mundo*, enero 1991).

Mi posición sobre dos violencias —el terrorismo subversivo y la tortura policíaca— es un buen ejemplo de la teoría de las dos índoles de violencia social y política mantenida en estas páginas. Esta línea divisoria se refleja clamorosamente en los modos en que desde el Poder y sus adláteres se tratan estas cuestiones. Tengo aquí el último número de la revista gallega *A Nosa Terra* (febrero-marzo 2003), en el que le hacen una entrevista a Roberto González, abogado de los cinco "agentes antiterroristas" cubanos que se habían infiltrado en grupos terroristas de Miami como Alfa 66, y que, habiendo sido descubiertos, están encarcelados en los Estados Unidos. "En los Estados Unidos —dice Roberto González— declaras ante un juez que te dedicas a poner bombas en Cuba, y no te pasa nada". ¿Se podía suponer otra cosa? Es por lo que se desfonda la bella idea de un humanismo abstracto, incapaz, por su propia esencia, de oponerse a los problemas reales que la violencia, en sus diversas formas, plantea a quienes somos —si no pacifistas a ultranza— sí fervorosos partidarios de la paz.

Hondarribia
5 de marzo de 2003

Post Scriptum

No sé si podría entenderse, erróneamente, por deficiencias de mi forma de expresión, que en este librito (en que ha desembocado lo que, en un principio, no era más que una conferencia) se apuesta por la subversión en cualquier caso, siempre que se plantea un conflicto entre orden y subversión. El orden sería lo malo y la subversión lo bueno. No es así, desde luego, incluso desde mi posición de intelectual "malpensante"; y basta que anecdóticamente recuerde lo que fue en España el orden republicano y lo que significó la subversión franquista. Hay órdenes que yo prefiero, sin duda alguna, a la subversión de esos órdenes.

Sobre la diferencia que se establece entre los científicos, y filósofos, por un lado, y los técnicos por otro, pienso que hoy no se da un hiato entre la ciencia y la técnica, que diferencie estos dos oficios, aunque yo no haya visto muy clara esta diferencia siempre. Bernard Stiegler (*La técnica y el tiempo*, Hiru Argitaletxea, 2003), comentando la *Historia de las técnicas* de Gille, llama la atención sobre la noción actual de *tecno-ciencia*, y el hecho de que, por ejemplo, la empresa Philips, tiene sus propios laboratorios de investigación, en los que se labora en un plano estrictamente científico, aunque estratégicamente esté diseñada para una aplicación práctica, técnica, de esas investigaciones. "Los dos progresos –científico y técnico– no pueden ir el uno sin el otro" (leemos en Stiegler, tomo I, página 68), pero se trata de la "confusión" que se da entre la invención técnica y el descubrimiento científico", (página 69), cuando "las orientaciones de investigación" son "masivamente controladas por la finalidad industrial" (misma página). La diferenciación teórica entre la ciencia y la técnica no forma parte, en fin, del tema nuclear de este librito, sino de sus alrededores.

Hondarribia
18 de marzo de 2003

IMPLICACIONES

SOBRE LA LEY DEL TALIÓN I

Algunos comentaristas políticos de buena fe, instalados, aunque no se den cuenta, en cierto optimismo, están interpretando –con intención crítica, desde luego– los actuales bombardeos de Estados Unidos de Norteamérica y el Reino Unido sobre Afganistán como una aplicación indeseable de la Ley del Talión. ¿Optimistas y benévolos tales comentarios? Ellos denuncian la aplicación de una ley antigua y bárbara, por parte de Bush y de sus aliados, y plantean la necesidad moral de que los responsables de las terribles acciones de Nueva York y Washington sean conducidos a un tribunal internacional *ad hoc*, en lugar de hacer objeto de, asimismo terribles, represalias a la sufrida y sufriente población de Afganistán, que ya viene siendo el campo de las más duras calamidades, y que es, ella, inocente de cualquier agresión que se haya producido o se pueda producir al capitalismo mundial, de cuyas estrategias y operaciones son los afganos, entre otras poblaciones del mundo –una enorme mayoría de sus habitantes–, las más inocentes de las víctimas.

A mí me parecen, efectivamente, muy optimistas y benévolos esos planteamientos, sencillamente porque, a la vista de lo que está ocurriendo en el mundo, y especialmente en el conflicto entre los palestinos y los sionistas, *no es la Ley del Talión lo que se está aplicando sino que ya se puede decir que tal ley antigua y bárbara sería hoy un alivio a la tragedia que están sufriendo los pueblos del mundo sometidos al Nuevo Orden Mundial*, tales son los desmanes de las represalias y represiones ante cualquier gesto de disconformidad con el Sistema. Ello es muy visible, cada día que pasa, en Palestina, donde a unas pedradas –o acaso la acción desesperada de un militante suicida– el Gobierno del Estado de Israel responde con cien cañonazos y, en fin, con todo su enorme aparato de guerra. ¡Dichosos tiempos, pues, aquellos del ojo por ojo y diente por diente! Es por lo que cada día que pasa, cuando el pueblo palestino respira en reclamación de sus justas reivindicaciones nosotros nos tapamos los oídos y cerramos los ojos esperando la respuesta centuplicada del Estado de Israel a cada pequeña acción de la segunda Intifada. (La Ley del Talión trató de ser abolida por los redactores de los Evangelios de Jesucristo: "Habéis oído que se dijo ojo por ojo y diente por diente, pero yo os digo que, ante una agresión, pongáis la otra mejilla". Desde luego que aquellos papeles evangélicos se han usado históricamente por los líderes políticos, incluyendo a los cristianos, las más de las veces, para limpiarse el culo). Cuando cayeron las Torres Gemelas de Nueva York y una parte del Pentágono en Washington, además de nuestro horror por las gentes –que entonces pasaron a ser ellas mismas, como lo son siempre las del tercer Mundo, *pobres gentes*– que quedaron atrapadas y muertas en tales acciones, hubo en muchos de nosotros el pálpito de los horrores, mayores aún, que se avecinaban, como réplica de los Dueños del Mundo al gran desafío de los graves atentados.

Es por lo que se puede llegar a pensar que, en estos tiempos, sería deseable que, al menos, se aplicara la Ley del Talión, dado que hoy, por ejemplo, según aquella bárbara legislación, podríamos predecir lo que nos espera: bastaría con contar "nuestros muertos" civiles, y después ir contando los (asimismo civiles) que vayan causando las bombas norteamericanas y británicas –entre las que no faltan las llamadas "de racimo", que algunas legislaciones prohíben como demasiado inhumanas–, y cuando llegáramos, por ejemplo, a las 5.200, si tal ha sido "nuestra cifra", la guerra habría terminado. Sin embargo es muy otra la perspectiva, y las palabras de Bush no dejan esperar otra cosa: una guerra larga, sucia –cuyas motivaciones profundas son estratégicas y residen evidentemente en el propósito imperial *(destino manifiesto)* de dominar el mundo–, y con cualesquiera (¡cualesquiera!) armas, lo que puede centuplicar como poco el número, ya enorme, de los muertos que han producido los atentados que de tal manera nos han conmovido, acaso olvidando por un momento la historia de los Estados Unidos de Norteamérica, rica en terribles episodios, aparte de los muy notorios como las bombas atómicas de Hiroshima y Nagasaki; por no traer ahora a colación los bombardeos frecuentes que efectúan sobre Iraq y las consecuencias mortíferas de su embargo sobre aquel país. (Episodios que son olvidados o ignorados por una gran parte de nuestros humanistas, que suelen asistir indiferentes a tan graves desdichas cotidianas, en las que los gobiernos norteamericanos tienen, por cierto, un papel muy relevante).

Hablando de la Ley del Talión, habría que reconocer que en este caso, en cuanto a las destrucciones de bienes económicos, ello no podría ser objeto de contabilidad alguna, porque nada en Afganistán puede equivaler a la riqueza destruida en los Estados Unidos, dado que en aquel país asiático no hay más que ruinas y miseria; y las ruinas no se pueden convertir en más ruinas de lo que ya son. En cuanto a que los bombardeos sobre Afganistán vayan acompañados de algunos bocadillos o latas de alubias, no sabemos donde poner nuestra mirada para que la vergüenza no acabe con nosotros. ¿Pero es posible que a los aliados de los Estados Unidos —ya que no a ellos, expertos en masacres y genocidios de toda índole— no se les caiga la cara de vergüenza?

¿Habrá, pues, que añorar aquellos tiempos felices en los que se aplicaba le Ley del Talión? ¿Tan bajo hemos caído? Pero también tengan en cuenta los Dueños del Mundo que tan grandes imperios como el suyo han llegado a su fin a lo largo de la historia. Como se dice popularmente: Torres más altas han caído. O, como decía Miguel Hernández en un poema que hoy se hubiera podido recordar: "¿Rascacielos? ¡Qué risa! ¡Rascaleches!".

Nota.- La estrofa del poema de Miguel Hernández "El silbo de afirmación en la aldea", contenido en *El rayo que no cesa*, dice así:

¡Rascacielos! ¡Qué risa! ¡Rascaleches!
¡Qué presunción los manda hasta el retiro
de Dios! ¿Cuándo será, Señor, que eches
tanta soberbia abajo de un suspiro?

Gara, Donostia
14 de octubre de 2001

Sobre la Ley del Talión II

Cualquier lector de la primera parte de este artículo habrá advertido en él una paradoja: la de que yo definiera en él la Ley del Talión como una "ley bárbara" y que sin embargo pareciera expresar una cierta nostalgia de su aplicación. En realidad, es que no se trata de una ley bárbara sino de una ley que tendría que haber llegado a serlo ("bárbara"), en función, si no de la crítica cristiana, que en su forma "fundamentalista" propugnaría la abolición del derecho penal ("poner la otra mejilla"), sí de una filosofía penal progresista, que no puede establecerse sobre bases que excluyen todo pensamiento sobre las causas psicológicas y/o sociales de los delitos. Es por ello por lo que la respuesta del ojo por ojo, diente por diente, resulta definitivamente atroz. Póngase un ejemplo cualquiera: el autor de una violación tendría que ser violado (o, en una variante más "imaginativa", castrado). Esta es la Ley del Talión como barbarie. Esta es también, a la vista de las represalias multiplicadas a que asistimos por parte de los grandes poderes económicos y militares, la Ley del Talión por la que se puede sentir una cierta nostalgia, en formas como esta: ¡por lo menos que no multipliquen su castigo! ¡Por lo menos, que a tal daño se responda con un daño análogo, o semejante: con un daño "tal" como el que se ha sufrido por parte, en este caso, de *los terroristas!* Lo cual ya es estremecedor, porque, ¿cómo se puede asistir tranquilamente, con la idea de que se está haciendo justicia, a la aplicación de una *pena talionis,* que en este caso comportaría la muerte en los bombardeos de más de cinco mil personas? Sólo irónicamente –como yo lo hice en la primera parte de este artículo– se puede postular una cosa así. (Creo que de aquel "tal" latino –del latín *talis, tale,* si no me equivoco– es del que procede la etimología de esta legislación: la *pena talionis).*

Los lectores de la Biblia –y yo lo fui cuando preparaba aquel drama que nunca se ha representado, *Revelaciones inesperadas sobre Moisés*– saben muy bien que la aplicación de la Ley del Talión fue, en su momento, una medida progresista, tales eran los descomunales efectos de la "justicia divina" sobre los "pecados" de la humanidad. "Pero si no me escucháis –dice Dios a Moisés (o al menos Moisés dice que Dios le ha dicho) en el Monte Sinaí–, y no cumplís estos mandamientos y rompéis mi alianza, traeré sobre vosotros el terror, la tisis y la fiebre que os abrasen los ojos y os consuman el alma, y entonces huiréis sin que nadie os persiga, y os castigaré siete veces más si persistís en vuestro orgullo y haré vuestro cielo como hierro y vuestra tierra como bronce, y siete veces más aún [...]". Es en esta situación en la que la *pena talionis* comporta una reforma humanista y deseable, cuya "barbarie" se puede establecer, como decimos, no ya desde "la utopía de la otra mejilla", sino desde la ciencia, haciendo entrar en la consideración del juicio sobre los hechos, sencillamente, los datos que ha aportado al pensamiento una investigación a la altura de nuestro tiempo. Glosando a Brecht podríamos decir: "La barbarie tenía su legislación. Tengamos nosotros la nuestra" (la propia de la *era científica*). En esta materia de hoy, que rezuma sangre y dolor, se trataría de la intervención del pensamiento científico –no policíaco, no militar– sobre las causas de los horrores sociales, y lo que hay que proponer es una intervención política radical (sobre las raíces de los hechos, o sea, en ese nivel de las causas). Ya Tomás Moro –cuya *Utopía* habrá que volver a leer– declaraba que, por ejemplo, el daño social que es el robo no se resuelve matando a ladrones, sino resolviendo los problemas de la extremada pobreza. En este caso, lo que hay en el fondo de lo que ocurre es, sin duda, una gran desesperación.

Gara, Donostia
16 de octubre de 2001

Palabras para la paz

Más que "promulgarse", se va a implantar –imponer– en Euskal Herria una curiosa "ley" cuyo objetivo declarado es ilegalizar un *partido político*, aunque salga vestida –disfrazada– de "ley de partidos políticos". Esta es una aberración legal apoyada por el 95% de los diputados del Parlamento Español, que escriben así una página de la legalidad española que la Historia no podrá olvidar como un episodio vergonzoso –un episodio vergonzoso más– de la Democracia en Occidente.

Ello pone en evidencia otra vez la irregular situación de un país –éste– que es gobernado por una Constitución que no votó, que fue ingresado en una organización militar internacional (OTAN) que rechazó, y donde ahora va a ver ilegalizado un partido político contra la voluntad de la inmensa mayoría de su población, incluyendo en ella también a la mayoría de los adversarios políticos de ese partido que se va a ilegalizar.

Por otro lado, vemos que, en esta situación, la inquietud más generalizada –y muy fundamentada– entre nosotros es la de los horizontes oscuros que nos amenazan como consecuencia de tal ilegalización, que significa la desaparición de una formación política –y no otra cosa– que representa a una parte muy notable de este pueblo, y en la que ha residido hasta hoy la posibilidad, aunque fuera lejana, de una relación entre los dos frentes de la violencia armada, la subversiva y la represiva, mientras que su desaparición dejará al desnudo y abrirá una zona políticamente desértica en la que sólo ha de oírse el ruido de las armas y ha de asistirse al derramamiento de la sangre. Donde hasta ahora ha habido, al menos, palabras para la paz, que, mal o bien, anunciaban la posibilidad de que se abriera ese proceso, como sucedió en Irlanda (y no hubiera sucedido si el *Sinn Fein* hubiera sido ilegalizado), el campo será abandonado a la guerra. Yo opino que, quienes deseamos vehementemente la paz y la vida, hemos de oponernos a esta ley que sólo anuncia más guerra y más muerte, de tal modo que, si Batasuna desaparece, el futuro tendrá que empezar por reinventarla.

Conferencia de Prensa
Hotel Londres, Donostia
9 de junio de 2002

Consummatum est!, o ¿la democracia para qué?

Son tan graves y están tan generalizados –tan "mundializados"– los daños y los perjuicios que está sufriendo la democracia en el campo internacional a partir del insólito ataque que sufrieron los Estados Unidos hace ya casi un año, que uno duda si ponerse a escribir sobre lo que hoy está ocurriendo entre nosotros, bajo el gobierno de la derecha española, de estirpe neo-franquista, cuyo origen se ilustra cada día con nuevos e inquietantes acontecimientos, en colaboración con ese fantasma de partido que ha llegado a ser el PSOE, después de no haber sido nada durante la dictadura y de ser poca cosa –como partido de aluvión– durante los primeros años de la democracia, incluidos los de su gobierno, con episodios tan lamentables como la creación de los GAL.

Pero lo que está ocurriendo en nuestra proximidad es tan grave que sin duda merece que se le dedique una gran atención crítica: *Consummatum est!* Sin necesidad de ser ilegalizado por los jueces *ad hoc*, y adelantándose a que lo sea, el partido político Batasuna ya ha sido prohibido por uno de ellos: el tristemente famoso juez Garzón. Ante ello, no se puede dejar de apuntar la extremada gravedad de lo ocurrido –de lo ya ocurrido– y el temor por lo que pueda ocurrir a partir de ahora.

La existencia real e indeseable de violencia en el País Vasco –¡nosotros hemos de suponer que indeseable también para sus propios agentes!–, es la dudosa base sobre la que los dos grandes partidos, el Popular en el gobierno y el Socialista Obrero Español en la oposición, pretenden legitimar estas medidas excepcionales que excluirán, *desde ya*, el tratamiento político de la *cuestión vasca*, única vía, evidentemente, por la que este dramático problema podría encontrar una solución y, en suma, conseguirse la paz para este atormentado país. Atormentado también, no podemos olvidarlo, por la práctica de la tortura policíaca, de la que últimamente ha habido estremecedores testimonios.

Los efectos políticos de esta ley amenazan con un estrangulamiento general de la democracia, al suprimirse ya un importante partido de la izquierda vasca, Batasuna, y en un plazo corto realizarse la disolución de los muchos ayuntamientos en los que este partido tiene una presencia determinante en las decisiones.

Todo ello comporta, en mi opinión, muy meditada, además de un mortal atentado a los principios más queridos de la democracia formal (y de la democracia *sensu strictu*), una verdadera catástrofe política para nuestras esperanzas de una paz merecedora de ese nombre, y no sólo duradera sino definitiva: de una verdadera paz, como decimos, que nunca podrá ser el efecto de operaciones "pacificadoras" policíaco-militares. Hace muchos años, expresé esta misma idea en otro artículo, en el periódico español *El País*, bajo el título: "Modesta proposición contra la pacificación de Euskadi".

Hoy podrán imaginarse fácilmente, por cualquier lector, los efectos de la "catástrofe política" que tememos, suponiendo el ejemplo de que en el Reino Unido se hubiera promulgado una "ley de partidos" con objeto de ilegalizar el *Sinn Fein;* y que la actividad política de esta formación hubiera desaparecido. No es precisa, pues, mucha imaginación para representarse la gravedad de estos daños en el caso que ahora nos mueve a escribir: la ilegalización de Batasuna a corto plazo, y la prohibición de sus actividades ya, producirán como nefasto efecto la desaparición de una preciosa zona política, y su conversión en un desierto, en el que sólo sonarán los disparos de las armas de fuego, sin otro horizonte ni posibilidad, sin remisión y sin esperanza. Así, una vez silenciadas las palabras y los hechos, y definitivamente arrojado a la basura el proyecto de paz (más o menos discutible) que Batasuna estaba aportando hoy, y obstruidas por la fuerza las vías políticas que este partido propone, sólo se oirá el clamor patético de los disparos y de las bombas, *y lo demás será silencio*, sin un solo resquicio en el que depositar la esperanza de una solución política del conflicto. Se dilataría —¿hasta cuándo?, ¿para siempre?— el tiempo de la sangre.

Lo terrible —y paradójico— de todo esto es que la solución estaría al alcance de la mano con sólo que los dirigentes políticos del Gobierno Español superaran las fronteras de su propio y estrecho nacionalismo, y ellos fueran capaces de propiciar la posibilidad de una reforma constitucional, que abriera el campo a planteamientos de autodeterminación, lo cual, claro está, no conduciría *sino adonde condujera democráticamente*, y no necesaria o fatalmente a la independencia de las comunidades nacionales —¿Euskadi?, ¿Cataluña?, ¿Galicia?— que acaso un día la postularan.

Como observador de estos fenómenos, yo tengo la convicción de que una reforma constitucional de esas características, que suprimiera de la constitución española su actual rigidez, haría callar *ipso facto* el oscuro lenguaje de las armas y el rojo testimonio de la sangre.

Mientras tanto, la "democracia española" en su versión "Partido Popular" (Aznar), siente sin duda la nostalgia del franquismo, y está echando mano, a la sombra del 11 de septiembre y de sus consecuencias (la *bushérie* mundializada), de artilugios legales de muy dudosa entidad, para matar la propia democracia. ¿La democracia se suicida? ¿El PSOE ayuda al PP en su siniestra tarea? ¿Adónde iremos a parar?

Consummatum est! Es verdad. Pero también es verdad que son los pueblos quienes dicen las últimas palabras.

Egunkaria, País Vasco
8 de septiembre de 2002

¿PROCESO A LOS INTELECTUALES?

Sorprendentemente, mi reciente librillo sobre *Los intelectuales y la Utopía* está despertando una cierta atención en un medio lector por el que, desde hace años, están circulando de modo casi invisible —sin romperlo ni mancharlo— la mayor parte de mis trabajos teóricos, evidenciándose así la descolocación general en que estos trabajos se encuentran. ¿Y por qué esto ahora? Aquí, en verdad, no hay más que unas setenta páginas, que contienen una reflexión, muy breve pues, que se sitúa, críticamente, en aquel terreno en el que algunos intelectuales y artistas han pensado siempre sobre su función social —o lo propio de ella—, y en el que se expresaron a través de los años escritores tan opuestos ideológicamente como Julien Benda, que, en su libro *La trahison des clercs*, sometió a su crítica la "traición" —a la pureza de su vocación filosófica o poética— de aquellos intelectuales y artistas que se comprometían (comprometían su obra) políticamente, y Jean Paul Sartre, que opinó años después (y con una guerra mundial por medio) exactamente todo lo contrario.

En realidad, siempre fue difícil, si no imposible, incluso para los intelectuales más "puros", situarse *au dessus de la melée*. Como ha dicho nuestro admirado Howard Zinn, "no se puede ser neutral en un tren en marcha", aun en el caso de que se haya tomado billete *para este tren y para este trayecto*, y siempre tendrá uno, si no está dormido, alguna opinión sobre el curso del viaje; pero es que además los seres humanos no elegimos el tren en el que nos vemos viajando ni la época de nuestro viaje, ni la geografía por la que circula ("arrojados al mundo", decían los existencialistas). ¿Y cómo no vamos a opinar sobre todo esto, y a actuar, o intentarlo al menos, sobre las condiciones y el destino de nuestro viaje, sobre todo si ellas (las condiciones) nos parecen insufribles, y el objetivo intolerable? ¿Nos echaremos a dormir mientras el tren circula en una dirección que, por ejemplo, nos puede conducir al vacío, a la catástrofe o simplemente a la injusticia o a la estupidez?

El desplazamiento a la derecha de muchos intelectuales en los últimos tiempos se ha hecho en la forma de una presunta superación de aquel "compromiso" postulado, en la posguerra de la Segunda Guerra Mundial, por escritores como Jean Paul Sartre. ¿Habrán quedado, pues, superados por la "posmodernidad" los ejemplos de aquellos escritores que apostaron con sus vidas por sus ideas contra las imposiciones del Poder, o a favor de este, ya conservador, ya revolucionario –nosotros no somos dogmáticos, y consideramos los fenómenos en su conjunto–, cuando ellos consideraban ese Poder legítimo y deseable? ¿El compromiso que condujo a Miguel Hernández a morir en una cárcel franquista? ¿El compromiso que hizo un peregrinaje de la vida de José Bergamín? ¿El compromiso que hizo a poetas como Vladimir Maiacovski apostar fervientemente por el poder soviético, o a Bertolt Brecht por el socialismo, o a Leni Riefenstahl a hacerlo por el Nacionalsocialismo, o a Ezra Pound por el fascismo italiano?

La línea de la "posmodernidad" tendría que ver con una mezcla de descompromiso y convivencia (más bien connivencia) de la izquierda con la derecha, como presunta autocrítica y cura de viejos dogmatismos nacidos en el "tiempo de los hornos", y que pueden atribuirse, a veces con razón, a los "escritores comprometidos", que con frecuencia permanecían ciegos a los valores poéticos de los poetas "enemigos". ¿La poesía ha de hermanarnos por encima de nuestras ideas? Desde luego, yo nunca he admirado a un poeta sólo por sus ideas, sino también –o sobre todo– por la profundidad de sus imágenes y de sus intuiciones, pero también he de decir que por mucho que me cante al oído la "posmodernidad" no dejaré de tener en cuenta si un gran poeta se alinea en un lado o en otro de lo que, en definitiva, no deja de ser una barricada que ha de enfrentarnos y confrontarnos a los unos con los otros: quienes hoy defienden al Imperio —la forma actual del imperialismo— y quienes deseamos y tratamos de contribuir con nuestras pobres fuerzas a su demolición; quienes se ponen del lado de los ricos y quienes lo hacen con los pobres, hablando en términos sencillos y sin embargo profundos. (Nunca me gustó el término "compromiso" para este tipo de comportamiento intelectual, y alguna vez ya traté de proponer el de "implicación": intelectuales y artistas que "se implican" voluntaria y decididamente en las luchas sociales y políticas de su tiempo, "descendiendo" así de lo que ya en otros tiempos se llamó las "torres de marfil", en las que se encastillaban tantos artistas e intelectuales).

¿Tema muy interesante este? Creemos que sí lo es. Los intelectuales y los artistas constituimos unas capas sociales muy activas en un sentido o en otro, en el sector Servicios, y lo que hacemos y el sentido que damos a nuestros trabajos no puede ser una cuestión indiferente, por poco que signifiquemos, en principio, en la dialéctica visible de la vida política, tan lejos nos hallamos —tanto quienes están en la derecha como quienes estamos en la izquierda— de los centros en los que se deciden las cosas, sometidos como estamos todos a los dictados de la economía y de la política.

¿Procesos a los intelectuales? Goebbels recomendaba sacar la pistola cuando oía que se hablaba de nosotros. Hoy podría recomendar que se sacaran ramos de flores ante el anuncio de la aparición de ciertos intelectuales, cada vez más numerosos, que se sientan alegremente a la mesa de la más rancia derecha española, y se aposentan en sus cuadras. Los procesos a los intelectuales pueden, pues, tanto conducirnos a las prisiones o a la muerte como, según los casos, constituirse en procesos de beatificación.

La verdad es que los únicos procesos serios que pueden recaer sobre nosotros son los que nos planteemos nosotros mismos en el modo de nuestra autocrítica: ¿Qué pintamos nosotros en todo esto? ¿Qué hacemos? ¿Por qué? ¿Y para qué? Somos, pues, nosotros quienes hemos de "procesarnos" a nosotros mismos.

Gara, Donostia
9 de noviembre de 2002

Iraq bajo el talón de hierro

Al hablar hoy de un "talón de hierro" me estoy refiriendo a la profecía que hizo, a principios del siglo XX, el novelista norteamericano Jack London: a finales de ese siglo se abatiría sobre el mundo una gran dictadura generalizada al servicio del capitalismo; dictadura que tomaría ese nombre, *el talón de hierro.* Sobre aquella ficción anticipatoria escribieron, a lo largo de los años, autores ilustres como Anatole France; también Leon Trotski, que leyó la novela muchos años después y le hizo un prólogo en el que asoció el "talón de hierro" al fascismo, y en ese sentido la novela habría sido profética.

Vista la cuestión desde hoy, está muy claro que el fascismo no fue el momento histórico del cumplimiento de aquella anticipación, dado que en la novela se trataba de la opresión mundial ejercida desde una estructura capitalista y democrática; de modo que resulta ser ahora –¡ahora!– cuando estamos viviendo *esa situación no fascista* –pues no lo es, aunque así convencionalmente se diga– en la que la *democracia representativa* evidencia, en ella misma, sus propias virtualidades opresivas sin cuento.

He aquí hoy, en la realidad de nuestras vidas, la opresión de aquel talón de hierro imaginado por un escritor, arropada en nuestros días por una corte de intelectuales con nombres y apellidos y otros desconocidos, comprometidos todos... con ese pensamiento único que es un *ersatz* (sucedáneo) que el imperialismo usa para ponerlo en lugar de la realidad de un pensamiento verdadero.

El momento en que escribo este artículo encierra un patetismo particular y revela algunas cuestiones esenciales, no solamente desde el punto de vista humano y social sino también teórico, pues lo que está en cuestión es nada menos que una sentencia, al menos moral, contra este "sistema democrático", en la medida en que él es capaz de albergar tales horrores; lo que no es una cuestión nueva, desde luego, pues las bombas atómicas sobre Hiroshima y Nagasaki, cuando la Segunda Guerra Mundial estaba virtualmente terminada, dieron una prueba a favor de las capacidades de "la democracia" (?) para lo espantoso, relevando al nazismo de este honor que él había adquirido en episodios como el bombardeo de Gernika. (Desde luego, durante toda la Segunda Guerra Mundial, las democracias y los fascismos compartieron ese dudoso honor de bombardear poblaciones civiles).

El crimen como procedimiento político generalizado en la Historia es evidente a lo largo de todos los tiempos. Por ello, ha de parecernos ridículo que, a la hora de decir hoy "no" a un ataque mortal del imperio norteamericano y sus aliados contra Iraq, se acuda a la biografía política de Saddam Hussein para interponer esa biografía contra el pensamiento de quienes decimos ese "no". En realidad, el talón de hierro pesa sobre todos nosotros, que advertimos que el objetivo de Bush —simbolicemos la agresión en ese nombre— no es desplazar de su poder a Saddam Hussein (lo que, por otro lado, es un asunto del pueblo iraquí y corresponde a su soberanía), sino aplastar a un pueblo alegre y anhelante de vida, como si fuera una cucaracha, y apropiarse suciamente —con sangre y con mierda— de su petróleo.

¿Y qué hacer nosotros —los escritores y los artistas— ante tamaña situación? Una vez más se plantea el tema de nuestra propia responsabilidad ante hechos de tal magnitud. En los últimos días hemos oído alzarse voces gallardas de actores y otras gentes del cine y del teatro en un clamor contra la guerra. Yo mismo he propuesto que en los vestíbulos de los teatros se pongan pliegos de firmas con un texto que podría parecerse al que ahora copio a continuación y como remate de este artículo: "En la actual coyuntura del mundo, el pueblo de Iraq se halla gravemente amenazado, por razones de carácter económico-imperialista, de que estalle sobre sus cabezas una guerra inmisericorde que provocaría miles de víctimas civiles. Quienes firmamos este escrito manifestamos nuestra gran inquietud, hasta las fronteras de la angustia, ante tan criminal amenaza. Es por lo que unimos nuestras manos y las alzamos con estos gritos urgentes: ¡Alto a la guerra! ¡Por la paz mundial! ¡Por el cese inmediato del embargo al pueblo iraquí!".

Ya hay muchos signos de que las gentes del teatro se están incorporando a esta gran batalla contra el crimen.

El periódico de Álava, Álava

¿EL FINAL DE UNA ILUSIÓN?

Sigmund Freud publicó en 1927 su obra *El porvenir de una ilusión*. Se refería en ella a la ilusión religiosa, cuyos días parecían contados por el progreso de la ciencia, aunque el mismo Freud se cuidaba de aceptar en aquella obra que "una ilusión no es lo mismo que un error, ni es necesariamente un error", salvo, añadimos nosotros ahora, cuando las ilusiones de la humanidad se usan para cubrir o adornar mentiras al servicio de los poderosos. Desde hace ya muchos años le toca el turno de las grandes crisis a otra creencia de la humanidad, la de la "democracia", siempre afirmada, al menos, como el menos malo de los sistemas posibles, y cuyos aspectos mortales son, sin embargo, cada día que pasa más evidentes. Se trata, claro está, de la democracia "representativa" o "parlamentaria", que está mostrando cada vez más nítidamente la pestilencia que se alberga en sus tripas, y su capacidad para servir de cobertura a los mayores horrores del imperialismo, en las grandes escalas (política internacional, embargos genocidas, bombardeos mortales), y en las pequeñas con el desprecio a las libertades individuales y nacional-populares, como ahora entre nosotros por parte de estos dos partidos mayoritarios que son el PSOE y el PP, una de cuyas últimas hazañas acaba de ser el cierre arbitrario del diario *Euskaldunon Egunkaria;* y ello con todo su cortejo de brutalidades "democráticas", derribos de puertas, nocturnidad, fantasmales capuchas y terror armado hasta los dientes, y otras delicias de la democracia representativa.

Con episodios como estos se van desvaneciendo, creemos, las últimas ilusiones que se podían albergar en la ingenuidad de los demócratas mejor intencionados, para los que la democracia representativa no ha dejado de ser hasta ahora la clave de toda posición progresista, de toda lucha por las libertades individuales y sociales. Desvanecimiento de ilusiones que va acompañado de nuevas convicciones –¿ilusiones?– a favor de "otra democracia" que sería –y yo creo que es– la *verdadera democracia:* un sistema participativo basado en las asambleas de base, al modo de como se están desarrollando, todavía a nivel poco más que municipal, en Porto Alegre, la capital del estado brasileño de Rio Grande do Sul.

Los vascos no se dejaron engañar en su día –cuando se manifestaron contra la Reforma de Suárez– por la ilusión mentirosa de que, sin una ruptura radical de la dictadura de Franco, se iba a poder llegar a una situación política habitable y aceptable para quienes, entre sus propósitos, uno muy preciado era –como sigue siendo– la afirmación de la identidad nacional de Euskal Herria, afirmación que desde la izquierda comporta además, o sobre todo, el gran proyecto de una sociedad socialista. Los españoles de entonces –ilusos– muy pronto se *desencantaron,* pero ya era tarde; y lo que se llamó "el No vasco a la Reforma" evidenció la gran sagacidad de aquellos planteamientos vascos. Sin embargo, no ha dejado de haber entre nosotros rezagados de aquellas torpes ilusiones de la transición. Es de esperar que la actual represión de libertades, de la que ahora mismo está siendo víctima *Euskaldunon Egunkaria*, y el pueblo vasco en general, señale el definitivo final de toda ilusión por un sistema en cuyo marco legal se pueden acometer las mayores atrocidades y programar los mayores crímenes colectivos.

Egunero, Donostia
27 de febrero de 2003

Sastre recoge el Premio Max de Honor en Vigo

Cuando Sastre subió al escenario fue saludado por toda la sala puesta en pie, y por la presidencia de la [Sociedad General de Autores Españoles] SGAE personificada en Ana Diosdado y Eduardo Bautista que lo saludaron afectuosamente, en presencia de la maestra de ceremonias de la gala, la actriz Carmen Conesa.

Sastre, una vez acallado el aplauso, dio las gracias a la SGAE, a la que pertenece –dijo– desde hace cincuenta y siete años, por haber tomado esta decisión de concederle este importante premio, "el más importante de mi vida", dijo el autor, "y con seguridad la mayor alegría de toda mi carrera profesional". A continuación dio las gracias por su hospitalidad al pueblo y al Ayuntamiento de Vigo para este acontecimiento. "Galicia –añadió– ha estado en los últimos tiempos más cerca que nunca de nuestros corazones, y ello por causa de la gran catástrofe ecológico-político-administrativa que ha sufrido y sigue sufriendo este pueblo como consecuencia del hundimiento del *Prestige* y de la marea negra. Manifestamos aquí nuestro dolor y nuestra solidaridad". "Una vez más puede decirse –dijo a continuación– que vivimos malos tiempos para la poesía. Yo he venido esta mañana del País Vasco y vuelvo mañana a aquel país, en el que la democracia está sufriendo muy rudos golpes, como el cierre de un periódico *Euskaldun* y la ilegalización de una importante formación política". Pero añadió que en la vida y en la historia no hay nada que sea eterno y que los malos tiempos tampoco tienen por qué serlo. "Es preciso que las cosas cambien, y el teatro tiene algo que decir en esto", pues la indignación de las últimas semanas, sobre todo ante el ataque a Iraq, que ha movilizado a nuestros actores y los ha decidido a ocupar un espacio de vanguardia en la protesta, "no puede diluirse como un azucarillo". "¡Esperemos que esta nueva conciencia en el teatro se refleje en las programaciones de las compañías y de los grupos a partir de ahora!", concluyó, reiterando su agradecimiento por haber sido objeto de tan gran distinción en estos graves momentos.

Vigo, 5 de mayo de 2003

Carta abierta (y fraterna) a Juan Goytisolo

Querido y admirado amigo: He visto tu firma con la de otros colegas también ilustres, al pie de un escrito en el que os habéis manifestado en torno a la situación actual, que dibujáis como tétrica, en Euskal Herria. Tenéis razón: es una situación tétrica. No tenéis razón: es mucho más tétrica de lo que decís. No tenéis ninguna razón: en este papel decís algunas mentiras, cosa impropia de intelectuales, y sí propia de extremistas y fanáticos. Me apena ver tu firma al pie de este escrito, tal como está redactado, y me temo que algunos de los firmantes habéis sido sorprendidos en vuestra buena fe; que –desconocedores de la situación real– habéis confiado en el talante moral e intelectual de quien lo haya hecho.

El documento, decíamos, *tiene razón:* la situación es terrible, es insoportable. Personas se ven amenazadas y algunas han perecido en atentados, y otras se ven en la necesidad de ser escoltadas por guardianes de sus espaldas y de sus vidas. Nada más indeseable que esto que sucede y que amenaza con seguir sucediendo.

El documento, decíamos, *no tiene razón:* la situación es más terrible, es más insoportable de lo que decís. Bajo el pretexto del terrorismo, del entramado del terrorismo, del entorno del entramado del terrorismo, personas que no tienen ninguna relación con la violencia subversiva son detenidas en la noche, sus domicilios son asaltados y las puertas hundidas a patadas. Personas son sometidas a incomunicaciones y torturas en los cuartelillos y en las comisarías. Diarios son cerrados. Formaciones políticas, sociales y culturales son ilegalizadas y sus dirigentes detenidos y encarcelados. Doscientas veinticinco candidaturas –avaladas por cerca de noventa mil ciudadanos y ciudadanas– para las próximas elecciones son anuladas. Ciertamente es muy inquietante la situación en la que se vive en este rincón de Europa.

Hubiese sido justo que en vuestra inquietud hubiera entrado todo este cúmulo de horrores antidemocráticos, a la hora de escribir vuestro papel, en el que además, para más *inri*, como dicen los castizos, hay verdaderas mentiras –¿vale esta paradoja?–, sólo explicables en función de un fanatismo antivasco, o, lo que es lo mismo, de un visceral nacionalismo español inconfesado, al que vosotros prestáis ahora –*¡hélas!*– vuestros muy estimados nombres. Estas mentiras son, por lo menos, que los nacionalistas vascos sean cómplices de los atentados de ETA (cuyos militantes serán lo que sean pero, por cierto, no son unos meros "mercenarios", sino unos patriotas extremados e idealistas, de manera que si sus acciones son vituperables ello será porque su patriotismo los conduce a practicar esa indeseable violencia; y yo creo que la vocación de los intelectuales consiste en decir las cosas como son y sobre esa base decir lo que se piensa). La más obvia de vuestras mentiras reside en vuestra afirmación de que "los atentados se realizan y celebran en una penosa atmósfera de impunidad moral *propiciada por las instituciones nacionalistas y por la jerarquía católica vasca*". La situación en Euskal Herria está pintada en ese papel –no me lo imagino tuyo ni de Günter Grass– con muy negras tintas, pero, como ves –¿no lo sabías?– la verdad es mucho peor que eso. Vuestros informadores os han engañado y vosotros habéis caído en la trampa como cándidas palomas, bajo la red de una ultraderecha ridícula y cada vez más agresiva, para la que, bajo la especie del "antiterrorismo", *todo vale*. En el orden mundial, y en este marco, entran ya episodios tan vergonzosos y decididamente inhumanos como el reciente ataque y la destrucción de Iraq.

Para terminar, yo pongo en duda que sea serio escribir sobre algo que se desconoce sin antes explorarlo, pues, siendo cierto que "en este rincón de Europa el miedo y la vergüenza oprimen a los ciudadanos", es de desear que unos intelectuales dignos de serlo traten de dibujar el cuadro en su totalidad. Al final, el autor del papel desvela su intención panfletaria convocando nada menos que a una declaración "de estado de indignación general" para el próximo día 25. Ojalá se produzca ese estado de indignación general y se oigan clamores contra las torturas y contra los rudos golpes que está sufriendo la democracia en este rincón de Europa, por lo demás tan entrañable y querido.

Es todo lo que te quería decir hoy, mi querido y admirado Juan Goytisolo.

Gara, Donostia
11 de mayo de 2003

EN ESTADO DE ALARMA (ARTÍCULO QUE QUISIERA SER ALGO MÁS)

Hace algún tiempo (mayo de 2002), ante la perspectiva de la ilegalización de una importante formación política, varios escritores, intelectuales y artistas suscribimos un escrito cuyo texto fue el siguiente: "Sólo movidos por un sincero deseo de paz, y desde distintas posiciones ideológicas, reflexionamos y advertimos que la experiencia histórica prueba, sin lugar a dudas, que ninguna cuestión moral, social o política, ha sido jamás resuelta poniendo fuera de la ley una ideología política determinada. Cuando se ha intentado así, ello ha dado lugar a guerras interminables o períodos más o menos prolongados de *pacificación*, que no han sido sino parodias de la paz y de la democracia". Y seguíamos así: "Es por lo que hoy hemos de expresar nuestra alarma ante la perspectiva de cualquier intento de interdicción ideológica y política, movidos por el temor fundado a que ello provocara un serio agravamiento de la situación en el País Vasco, pues en este tipo de situaciones lo deseable es extender el campo de la vida política, y nunca limitarlo, y menos mediante la supresión de una de las opciones sustentadas por una parte significativa de la situación". Tal fue nuestro documento, sucrito por destacados intelectuales y políticos de Europa.

Nuestras peores previsiones han sido confirmadas desde entonces, pues se han producido, además de la ilegalización de una formación política, la de un gran número de organizaciones populares, y el cierre de medios de comunicación, el más relevante el del diario *Egunkaria*, además de que sus directivos fueron torturados en un operativo dirigido por la Guardia Civil. Lo último que hasta ahora ha ocurrido ha sido la ilegalización de una plataforma electoral avalada por la firma de casi 90.000 personas, y la de 225 plataformas de carácter local. En definitiva puede decirse que el Estado español ha puesto en marcha un auténtico *apartheid* político, dejando sin derechos civiles y políticos a todos los sectores populares vascos que defienden la Autodeterminación para su Pueblo.

Decía que este es un artículo que desearía ser algo más, y aquí viene lo que él tiene de llamamiento a una gran expresión pública y colectiva de este estado de alarma, capaz de llevar a Europa nuestra inquietud de que la única vía para la paz —el diálogo— sea definitivamente cegada por la agudización del conflicto mediante la destrucción de toda mediación política y popular. La consciencia de este estado de alarma habría de interesar a grandes sectores progresistas y democráticos, y llamar a la comunidad internacional, a gobiernos, instituciones, gentes de la cultura y ciudadanos en general, para que se corte el paso a esta ofensiva contra las libertades democráticas de todos, y se detenga esta estrategia del capitalismo internacional, por muy poderosa que sea la maquinaria militar-terrorista que opera hoy sobre —contra— los pueblos del mundo; estrategia de la que sólo se puede esperar una creciente actividad de protestas violentas en el conjunto del planeta, y de ninguna manera la paz, que, por el contrario, cada vez se aleja más —por estos métodos imperialistas— de nuestro horizonte.

Gara, Donostia
18 de mayo de 2003

LA NOCIÓN DE "ENTORNO" Y LA ABOLICIÓN DE LA AMISTAD

La historia de la relación entre los delitos —entre las transgresiones graves de las normas— y las penas a lo largo de la historia judeocristiana es larga y compleja y además yo no la conozco, pero sí sé que ha tenido momentos más benévolos y humanistas y otros más severos y hasta decididamente crueles; tendría que consultar a algún jurista para que me aclarara algunos puntos de esa historia; pero ya he aventurado en alguna otra ocasión que, contra lo que pueda parecer, la llamada Ley del Talión, por ejemplo, fue un momento "humanista", como réplica a los castigos desmesurados, múltiples y varios, que se aplicaban a agresiones únicas y simples. "Ojo por ojo" era una buena cosa ante tanta desmesura: ojo por ojo y no cien ojos por un ojo, o un ojo y una pierna y una rotura de cráneo y dos piernas quebradas a quien había quebrado tan sólo —y no es que sea poco eso— una pierna de su víctima. Después Jesús vino a abolir esa Ley del Talión según la cual, a "tal" agresión correspondería justamente "tal" réplica —la misma y no mayor ni menor, que eso es el "talión"—, con aquello de poner la otra mejilla ante las bofetadas, lo que ya fue el colmo de un humanismo que resultó casi inhumano (los extremos se tocan); y ahora, en nuestro tiempo, el Estado de Israel ha vuelto a la barbarie anterior a todos estos hechos, y así vemos cómo un atentado artesano y mortal para el militante mismo que lo realiza es replicado por el Ejército de Israel con bombardeos de barrios enteros pero además, concretamente, de la pobre casa en la que vive la desventurada familia de la persona que ha realizado el atentado. No es nada nuevo, sin duda; porque desde hace muchos años es práctica común e infame el bombardeo de poblaciones civiles, aunque no haya sido con la precisión de intentar matar a la madre o a los hermanos del combatiente, terrorista o no.

En los últimos años se ha añadido algún dato a esta deshumanización de la justicia, y es una noción que sí me parece nueva: la de "entorno" de la delincuencia, que convierte en delincuentes a las personas que viven alrededor —en los entornos— de quienes son acusados de alguna transgresión, sobre todo si se trata del "terrorismo", asunto que ha empeorado grandemente desde aquella jornada memorable del 11 de septiembre por antonomasia.

En la cultura clásica ya se planteó esta cuestión de modo asimismo memorable, y hoy podemos recordar aquel legado bajo el signo quizás de "síndrome de Antígona", mito que Sófocles planteó, entre otras significaciones, como la cuestión de la lealtad de una persona con sus seres amados, hermanos, amantes o amigos, sin que esa fidelidad pueda ser abolida por el hecho de que esas personas amadas sean transgresoras de la ley y perseguidas por la policía o condenadas por los tribunales. Así, Antígona desobedece la ley y entierra a su hermano muerto, contra la orden del rey Creonte de que no sea enterrado, como castigo a su rebelión y en defensa del orden público, para restaurarlo. "Y a la verdad –exclama Antígona en su escena clave con el rey–, ¿cómo hubiera yo podido alcanzar gloria más célebre que dando sepultura a mi propio hermano?". Y a continuación: "Yo no he nacido para compartir odio sino amor". Se han hecho muchísimos tratamientos del mito, algunos modernos, y entre ellos me permito citar el mío, *Antígona 84*, en el que se trata de la relación de amor de una mujer con un "terrorista" en la Alemania Federal; drama al que pertenecen las siguientes muestras del diálogo entre Antígona y un jefe de la Seguridad del Estado (Creonte):

Creonte.- ¿Es cierto que usted alojó en su domicilio a un terrorista?

Antígona.- No, señor [...] Stefan Kratisch era mi hermano.

Creonte.- *(se ríe)* Se ha tomado muy en serio su papel de Antígona. Es de suponer que en el mejor de los casos, Stefan Kratisch fue su amante. En el otro, que usted forma parte de esa banda terrorista. ¿Es cierto entonces que usted alojó en su casa a Stefan Kratisch?

Antígona.- Vivíamos juntos en una casa que había sido mía y que después... fue nuestra casa.

Creonte.- ¿Tenía usted idea de esas actividades?

Antígona.- Sí, señor.

Creonte.- ¿Cuáles eran sus actividades, según usted?

Antígona.- Él era un militante de los Comandos Rojos del Proletariado.

Creonte.- ¿De qué se trata? ¿Es quizás una sociedad benéfica, filantrópica?

Antígona.- Son una organización armada.

Creonte.- ¿Armada de qué? ¿De tirachinas?

Antígona.- Yo no entiendo de armas.

Etcétera. Creo que aquí dejé planteada del modo más descarnado la reivindicación del amor personal y de la lealtad a quien se ama, sea o no un transgresor de la ley, y a quien su hermano acogerá en su casa cuando venga perseguido, sin que ello pueda comportar un castigo penal; siendo Antígona la cifra mítica de esta reivindicación; y detrás de todo esto hay la legitimación social y popular de las asociaciones de familiares de presos, políticos o no, cuya base lejana fueron las organizaciones del Socorro Rojo durante la dictadura, fenómeno que se sitúa en la acera de enfrente de la "colaboración ciudadana" entendida hoy como un departamento de la policía y un aparato de confidentes y soplones. (En Euskadi se dio no hace mucho un caso de Antígona muy espectacular: determinado ciudadano ocupó el lugar de su hermano en una prisión, aprovechando la circunstancia de una visita. Es de esperar que no prospere la idea de que él mismo debe ser condenado como perteneciente a la organización armada en cuestión. En realidad, es el tema que yo estoy planteando aquí el que estará en cuestión cuando este caso se someta a juicio).

Entretanto, y en esta fase de gran regresión intelectual y judicial, se ha ido imponiendo esa noción espuria y que daña el honor de la Judicatura, que es la de "entorno", según la cual la mancha de la culpa se extiende indiscriminadamente por extensas zonas de la vida social. Extraña situación, de índole kafkiana: pues decir que forman parte de ETA una serie de organizaciones populares y de instalaciones culturales –como diarios– y personas reconocidamente entregadas a labores de cultura y organización social (por ejemplo, al servicio de la legítima causa del euskara y su recuperación), es una mentira que comporta un daño social y personal incalculable, y que tendría que ser objeto de una crítica muy severa. La vida humana merece, efectivamente, como proclaman los apóstoles hipócritas de los derechos humanos (¡y es verdad!), un gran respeto, y en los últimos tiempos muchas vidas humanas están siendo gravemente dañadas por los dictámenes de jueces incompetentes o malintencionados o serviles a unos intereses políticos. Ellos tendrían que ser objeto de graves sanciones, en un proceso deseable de recuperación de respeto al aparato judicial.

Téngase en cuenta que hoy están en la cárcel o procesados y en libertad provisional –con una amenazante espada de Damocles sobre sus cabezas de ciudadanos no transgresores de las leyes– multitud de personas que simplemente son partidarios de determinada opción política, o han tratado de organizarse y lo han hecho para la mejora de la situación de los presos y de sus familiares o por la amnistía, o han puesto sus esfuerzos a favor de mejorar y activar la recuperación del euskara.

En definitiva, se ha llegado a una situación en la que el llamado "entorno" –esa noción indeterminada y acientífica– se ha llegado a confundir con la existencia de las organizaciones y particularmente de una organización, ETA, a la que todo el mundo puede pertenecer sin haber pertenecido nunca a ella. Es de ver que según el juez llamado Garzón, de infausta notoriedad y ridícula traza, una gran parte de la población vasca pertenece a ETA, lo que magnifica enormemente a esta organización, y hoy es tal la regresión cultural y política en la que vivimos que se ha procedido a la *policificación* de la sociedad. Toda detención, con gran frecuencia arbitraria, es ya una condena en sí, la aplicación de cuyo castigo empieza en el momento mismo de la detención (la tortura), habiéndose abolido aquella respiración civil de la "presunción de inocencia"; y una vez en la cárcel el porvenir es un sufrimiento sin límites, con la prohibición de que los presos dediquen su tiempo a algunos estudios o tareas, y sin posibilidad de redención alguna. Algunos dirigentes de este nuevo humanismo cristiano lo han dicho: ¡Que se pudran ahí dentro! Evidentemente se trata de un salto atrás en la marcha del mundo. (Casos como el de Guantánamo hace unos años hubieran sido difícilmente creíbles, a pesar de toda la sucia historia del imperialismo norteamericano).

Se puede recordar con nostalgia el curso de la historia de los delitos y las penas que, durante los siglos XVIII y XIX, tuvo altos momentos de progreso, hoy en una fase francamente regresiva. En el siglo XVIII, con las Luces, hubo trabajos tan lúcidos y tan influyentes como el de Cesare Beccaria y verdaderas luces como los testimonios teóricos de escritores tales que Pietro Verri contra la pena de muerte y contra la tortura, y por una superación de las legislaciones monstruosas de los tiempos bárbaros. Se ha dado un salto —hacia atrás— a nuestros días después de haber transitado, hace ya tantos años, durante el siglo XIX y más adelante por escuelas sociológicas y marxistas que postulaban tener en la cuenta de la penalidad la complejidad de los hechos delictivos, con la consiguiente humanización de las penas. Floreció entonces el bello mundo de la estimación de las circunstancias endógenas (como la locura) y exógenas (como la pobreza), concurrentes en los hechos, con particular estimación de la importancia de las relaciones afectivas entre las personas. Se había dejado atrás el gesto paleolítico del castigo infame, hoy recuperado bajo esa reclamación de que los presos deben ser hundidos en el infierno y que allí se pudran.

En el amplio campo de la regresión intelectual que estamos viviendo, se puede situar el caso de la reciente detención, en términos inaceptables, del profesor Alfonso Martínez Lizarduikoa, que creo poder asociar, por los pocos datos que poseo, con el síndrome de Antígona tal como he ido exponiéndolo en las líneas anteriores. ¿Un presunto delito de solidaridad humana? La noticia reciente de su libertad provisional bajo fianza no nos tranquiliza nada al respecto.

Ante el conjunto de estos hechos regresivos, yo creo que lo menos que podremos hacer quienes no podemos hacer nada es postular un asalto teórico a esta regresión y reclamar con nuestras voces, que es lo único que tenemos y a duras penas, la reincorporación del Derecho a la corriente progresista de la historia; en un debate por la rehumanización de las leyes penales. Yo tengo muy presente que en el otro lado –en la acera de enfrente del orden público, en la de la subversión– tenemos la actividad armada no convencional ("terrorismo") en términos también severamente duros, sin piedad, y sé que es este círculo vicioso el que se trataría de romper. Círculo que sólo se podrá resolver en términos de instauración de estructuras de justicia y no mediante el mundo de los grandes ejércitos y de las poderosas policías. En definitiva está pendiente nada menos que el final de la prehistoria, y en el día de hoy apenas podemos conformarnos con otra cosa que exigir vehementemente, como signo de un cambio de rumbo necesario, interpelaciones al Sistema como, hoy mismo, la libertad inmediata del profesor Alfonso Martínez Lizarduikoa, en la línea de una lucha por una sociedad no penal, no carcelaria, en la que se recuperen tesoros espirituales como lo fueron la noción de presunción de inocencia, hoy perdida.

Pensando en estas cuestiones yo he de plantear hoy que la diferencia entre democracia y tiranía puede establecerse así: allí donde Antígona es detenida por las fuerzas del orden público, eso es una tiranía. Tan sencillo como eso.

Rebelión
9 de abril de 2004

Epílogo

Carta a Alfonso Sastre
Pascual Serrano

Querido amigo Alfonso: Acabo de leer tu libro *La batalla de los intelectuales*. Hace dos años ya disfruté con *Los intelectuales y la utopía*, texto incluido ahora en esta última publicación. En ambos denuncias la falta de compromiso del intelectual actual, tal y como lo tuvieron antes Jean Paul Sartre o Bertrand Russell. Te sumas así a las denuncias de Noam Chomsky (*La responsabilidad de los intelectuales*, 1969) y de James Petras (*Los intelectuales y la guerra*, 2002). No puedo estar del todo de acuerdo con todos vosotros porque hay un elemento que creo que no contempláis, y a mí me parece fundamental.

Existe un cambio a tener en cuenta en los últimos cincuenta años: el papel de los medios de comunicación. Hoy, estos pueden someter —y someten— a embargo informativo al díscolo y promover y elevar –y lo elevan– a los altares al sumiso como nunca antes había ocurrido. Desde el mensaje del político hasta el del intelectual, todo se difunde tamizado y expurgado por ellos. Se purgan ideas y líderes o intelectuales desaparecen de la realidad de los medios y, por tanto, de la sociedad. Si, en algún caso, no se les puede desaparecer, como al presidente cubano Fidel Castro o en nuestro país al que fuera coordinador general de Izquierda Unida Julio Anguita, se les sataniza. Pero suele bastar la primera opción.

Por ello, quizás no sea del todo precisa la percepción de que apenas existen intelectuales críticos con el poder y la mayoría de estos se han pasado al bando del dominante. Percepción que nos hace a muchos sentirnos dominados por lo que yo llamaría el *síndrome del perro verde:* percibirnos extraños en nuestra propia sociedad y en nuestro propio tiempo. Individuos que no nos reconocemos en nuestro mundo. Primer paso para la frustración, la impotencia y el enclaustramiento.

Estoy convencido de que muchos de los ejemplos de intelectuales críticos de otros tiempos, Sartre, Rusell o en nuestro país Lorca, Machado o Hernández, hoy estarían en la penumbra social fruto de la oscuridad mediática. Cualquier tiempo pasado no fue mejor en lo referente al compromiso de los intelectuales. Sí lo fue en lo que respecta al acceso de la sociedad a su pensamiento. Lo pudimos ver juntos, amigo Alfonso, en Oviedo, el pasado mes de abril. Mentes lúcidas, nobles y brillantes como las del sacerdote Ernesto Cardenal, el periodista Ignacio Ramonet, el historiador Eusebio Leal, la escritora Rosa Regás, o tú mismo, entre otros muchos, lanzasteis un grito a favor de la humanidad contra el neoliberalismo que no se difundió ni en un solo medio de comunicación español. Grito que volveremos a unir en el encuentro que tendremos en diciembre en Caracas. La omertá mediática llamé yo a esa reacción de los medios. No estamos ante el dominio del pensamiento único, sino ante la difusión de un único pensamiento.

Existen clamores ciudadanos constantes de indignación que son silenciados sistemáticamente: en Euskadi, contra la boda de Felipe de Borbón, contra el saqueo de los países empobrecidos. Del mismo modo, y por poner algunos ejemplos, es laminado cualquier pensamiento que defienda la soberanía cubana o la democracia participativa que el gobierno venezolano quiere poner en marcha en ese país. Están machacados los dos gobiernos que han aprobado la figura de la revocación de mandatos, es decir, que los ciudadanos puedan cesar a un cargo electo si no cumple con su responsabilidad. También a la opinión pública se le niega el desarrollo del juicio contra el ex presidente de Yugoslavia, contra el que nos vimos lanzados a una guerra ilegal. Hasta un periodista en absoluto radical, pero honesto como Ignacio Ramonet, que vende cifras millonarias de libros, se ve obligado a publicar en un periódico regional en España. El resto apenas vemos nuestros textos impresos en *Gara*, un periódico sobre el que se cierne la amenaza constante del cierre.

Hoy no haría falta encerrar a Miguel Hernández hasta que muriese de tuberculosis, ni fusilar a Lorca o que se tuviese que exiliar Antonio Machado. La plutocracia mediática los silenciaría con quizás el mismo efecto. ¿Se representan tus magníficos textos en el teatro?; ¿acaso crees que un medio de difusión nacional masiva publicaría hoy los llamados revolucionarios de Bertolt Brecht?, ¿o defendería "violencias" como las de franceses o italianos bajo la ocupación nazi? Estamos ante un pacto mediático que llama violentos a unos ciudadanos que manifestaban su desacuerdo con el rey durante su visita a Euskadi y censura las imágenes del monarca enseñándoles el dedo corazón en actitud insultante. ¿Cómo tratarían hoy los medios al Che si existiera?; ¿qué diría hoy la crítica si un escritor plantease el dilema de Camus en *Los Justos?*

Afirmas en tu libro que con la guerra de Iraq "una buena parte de la izquierda dormida ha parecido despertar". No, no ha sido eso. Lo que sucedió es que hubo diferencias en el talón de hierro de Jack

London y una parte de este, Francia, un sector de la socialdemocracia europea, el Vaticano y sus adláteres mediáticos no compartieron el método. Pero fue un disenso puntual, el talón de hierro sigue firme y cruel, y el blindaje de los decibelios y las imprentas no tiene fisuras.

Hace unos días, las crónicas de sociedad de la televisión pública dedicaban extensos reportajes en sus noticieros rosas a las bodas de dos personas cuyo mérito mediático es ser las hijas de dos banqueros que están en prisión por ladrones. ¿Dedicarían un segundo a la boda la hija de un luchador antifranquista?

El problema, amigo Alfonso, no es la ausencia de intelectuales comprometidos, quizás sea mayor todavía, no lo sé. La tragedia es la puesta en marcha de un sistema de genocidio informativo de todo intelectual rebelde y de consolidación de la meritocracia mediática del sumiso y halagador.

Por eso tenemos ante nosotros un gran reto, si no más importante que el del compromiso intelectual, sí más necesario. El de romper el cerco mediático, romper el bloqueo. Durante la clandestinidad, el Partido Comunista de España creó lo que llamó los "equipos de pasos". Eran comandos de militantes cuya función era que los líderes y militantes comunistas pudiesen atravesar los Pirineos sorteando los controles fronterizos. Ahora debemos crear también "equipos de pasos" para que el pensamiento, las ideas y las palabras, sonidos e imágenes que se enfrentan a este nuevo orden criminal atraviesen los controles fronterizos interpuestos por los medios entre los ciudadanos y los intelectuales díscolos. Los militares fronterizos y represores o el burdo censor que antes había que burlar para que el intelectual subversivo no terminara en prisión, ahora se han transmutado en responsables de medios que son la voz de su amo, gran empresa accionista o publicitaria.

Los intelectuales comprometidos estáis ahí, presos y exiliados por el apagón informativo que os han impuesto, pero yo sé que estáis. Vamos a ir organizando "grupos de pasos" que emitan al aire vuestra palabra, que impriman vuestras letras, que iluminen vuestras imágenes. En editoriales como Hiru, en periódicos en Internet como *Rebelión.org*, en radios y televisiones libres y comunitarias, en la elaboración de buenos documentales y publicaciones que se distribuyan en redes sociales que desplacen a las telarañas mediáticas que utilizan para apresar a los individuos en el mundo de la mentira y la sumisión. Ahí se encuentra la gran batalla.

13 de julio de 2004

Pero ¿qué pasa con los intelectuales?
(Para mi amigo Pascual Serrano)
Alfonso Sastre

Hace unos cincuenta años que yo planteé en el teatro el problema del silencio, no sólo de los intelectuales sino de la gente en general, frente a una situación de intensa y extensa injusticia. Aquel drama se tituló *La mordaza,* y recuerdo que cuando se estrenó en Alemania el título con el que se presentó en Hamburgo fue: *Warum sie scheweigen?* (¿Por qué callan?). La cuestión consistía en tratar de explicarse por qué razón operábamos la gente en general y los intelectuales en particular, en situaciones claramente injustas e incluso hirientes, como cómplices de un silencio que nos podía situar en el banquillo de los culpables objetivos de aquellas ignominias, y el drama aportaba una serie de razones o sinrazones por las que las gentes callábamos en situaciones que parecían exigir no sólo la palabra sino el grito de la denuncia. Era una modesta alegoría que podía leerse como una justificación de aquel silencio que manteníamos, unos y otros, frente a las atrocidades del franquismo, pero también como una protesta contra aquellas atrocidades y contra la mordaza que nos impedía –¿o nos encontrábamos bien recostados en aquel silencio?– protestar.

Ahora acabo de leer con mucha atención la carta que Pascual Serrano –incansable combatiente en la lucha por hacer posible y viable la ruptura del silencio que sigue agobiándonos, y por ampliar el campo de una información alternativa y veraz– me ha dirigido, y en la que hace algunas acertadas puntualizaciones a mis propias tesis, o dejémoslo en meras hipótesis. Sus puntos de vista acreditan una vez más la idea de que los hechos sociales se nos presentan en el campo de la complejidad, y que cualquier simplificación nos aparta de los hechos aunque parezca que nos los acerca y nos los explica. En este caso, ¿tiene razón Pascual Serrano? ¿Tenía razón yo mismo en mis planteamientos, que él cita? ¿O ni uno ni otro? ¿O ambos?

Cuenta Pascual Serrano que yo denuncio "la falta de compromiso del intelectual de hoy tal y como lo mantuvieron en otros tiempos Jean Paul Sartre o Bertrand Russell"; y nuestro amigo no está completamente de acuerdo con quienes así opinamos. ¿Por qué? Porque "en los últimos cincuenta años, el papel de los medios de comunicación" ha alcanzado un lugar extraordinario en relación con aquellos tiempos. "Hoy –dice Pascual Serrano- ellos pueden someter –y someten– a embargo informativo al díscolo, y promover y elevar –y lo elevan– a los altares al sumiso como nunca antes había ocurrido". Ello explicaría el silencio; los intelectuales críticos no es que guarden silencio sino que son mediáticamente "silenciados".

Otro punto de discrepancia con mis hipótesis. Yo afirmo (recuerda Serrano) que con la guerra de Iraq "una buena parte de la izquierda dormida ha parecido despertar". "No –dice Pascual Serrano–, no ha sido eso". ¿Pues qué ha sido? "Lo que sucedió –afirma el sagaz periodista– es que hubo diferencias en el talón de hierro [...] y una parte de este, Francia, un sector de la socialdemocracia europea, el Vaticano y sus adláteres mediáticos no compartieron el método". Pero no se trató sino de "un disenso puntual", y "el talón de hierro sigue firme y cruel", apoyado –añado yo– por sus intelectuales orgánicos.

Por mi parte, yo opino que siendo ciertas las tesis de Pascual Serrano (el papel de gran mordaza que actualmente desempeñan los grandes medios de comunicación, lo cual oculta la existencia de unos intelectuales a quienes no se oye porque están amordazados, y la falsa ilusión que puede darse en la idea de que algunos intelectuales orgánicos del sistema han recuperado o están en trance de recuperar un pensamiento crítico), ello no niega sino que confirma la idea de que muchos intelectuales se desplazaron en los últimos años hacia la derecha, pues cuando yo planteaba esta cuestión no me refería a que hubiera silencio (a que muchos intelectuales no hablaran porque no podían hablar), sino al hecho evidente de que muchos antiguos progresistas hablaban y se manifestaban, incluso fervientemente, a favor del sistema. En cuanto a la ilusión de que ahora la situación haya cambiado, y que muchos intelectuales hayan recuperado sus viejas posiciones inconformistas, yo creo muy verosímil que sea cierta la explicación de que tal fenómeno sea muy reducido y de que muchos de esos intelectuales que se han manifestado ocasionalmente ahora contra el imperio lo hayan hecho en virtud de las posiciones tácticas de sus partidos y organizaciones que siguen siendo cómplices de este.

Lo más probable es que la situación sea hoy tan móvil, afortunadamente, que sea difícil situar y localizar las piezas del tablero. ¿Qué pasa, pues, con los intelectuales? No es fácil decir hacia dónde se mueven los distintos grupos, si es que se mueven hacia alguna parte determinable en términos de en contra o en favor del sistema imperialista, compromiso este que queda ocultado por la apariencia "progresista" de determinadas opciones. Por ejemplo, gran parte de la reacción intelectual más retrógrada se expresa bajo las banderas de la sociedad PRISA[1] y su poderoso sistema, que resulta, en la práctica, mafioso

---

1 Grupo multimedia al que pertenece, *El País*.

hasta producir sonrojo en quienes observamos a las gentes que se mueven en su complejo de medios de comunicación, radios, editoriales, periódicos, etcétera.

En tal situación, amigo Pascual Serrano, es cierto que la inteligencia crítica se mueve con muchas dificultades y siempre amenazada por el silencio; y, en fin, yo estimo que nuestras divergencias pueden resumirse, más o menos, así: para Pascual Serrano, no se produjo tal desplazamiento hacia la derecha en los últimos años de muchos intelectuales sino que la acción del poder a través de sus medios se mostró eficazmente opresiva como productora de silencio. Los intelectuales estaban aquí, con nosotros, pero no podían hablar (y, claro, era como si no estuvieran, como si se hubieran marchado con el enemigo); y ahora no hay tal movimiento de "reconcienciación" sino tan sólo que los patronos de los intelectuales áulicos de siempre, al servicio de la derecha "progresista", han obedecido a sus amos como siempre, y ahora se han manifestado –con la boca pequeña– "contra los abusos" de Bush y sus secuaces. Están donde estaban, pero se dicen ahora en una posición crítica, mientras dure la consigna de oponer algunas ideas a los dictados del "pensamiento único". Nada de nada, a fin de cuentas. Mientras tanto, los intelectuales antisistémicos, que nunca han desaparecido aunque hayan sido silenciados, siguen sufriendo la imposibilidad de publicar sus ideas, y sólo lo hacen en medios "alternativos".

Mientras que para mí sí hubo tal desplazamiento a la derecha de muchos intelectuales, y así mismo me parece –insisto en ello– que se están produciendo algunos movimientos de recuperación de posiciones de izquierda por parte de colegas que se han sentido mal durante los últimos años, al verse desnudos y además mal pagados en las filas de la injusticia más atroz.

La cuestión es, en fin, si algo se ha movido además de los grandes aparatos del neoliberalismo. ¿O no? ¿Siempre somos los (pocos) de siempre, unas veces parlantes y otras enmudecidos? ¿Está ocurriendo lo que siempre ha ocurrido? ¿No hay verdaderos movimientos en la realidad de la crítica? No sé, pero yo soy ligeramente más optimista y me gusta apostar, una vez más, por la dialéctica de la historia. Algo más se mueve, creo yo, que los grandes aparatos bajo cuya opresión navegamos.

26 de julio de 2004

UNA REFLEXIÓN NECESARIA
PASCUAL SERRANO

Mucho se ha escrito sobre el papel de los intelectuales. En esta breve obra es el dramaturgo Alfonso Sastre quien lo hace. Unas líneas de *El viajero y su sombra*, de Friedrich Nietzsche, dan pie al autor a mantener una sincera e íntima conversación/confesión sobre sus principios y valores. Con quién mejor para confesarse uno –sobre todo cuando no es creyente– que con su propia sombra. Y, como en cualquier confesión íntima, no evita los temas más controvertidos y polémicos. Aunque, hay que reconocerlo, Alfonso Sastre nunca los ha evitado.

Comienza la obra denunciando, como no podía ser de otro modo, la legión de intelectuales que se presentan "públicamente muy celosos de su independencia y de su libertad; y en realidad es que generalmente coinciden su libertad y la ideología del Poder". Pero donde más lucidez y originalidad aporta Sastre es cuando aborda la cuestión del "terrorismo" y la "violencia". Nos explica por qué no suscribe "esos papeles en los que se condena la *violencia terrorista* en Euskadi". Nos recuerda que "se llama terrorismo a la guerra de los débiles y guerra al terrorismo de los fuertes", cuando en realidad "todas las guerras son terroristas". También dedica una parte de este breve libro a sus posiciones desde la militancia *abertzale* respecto al "nacionalismo": "Nosotros no somos [patriotas], ni de la españolidad ni de la euskaldunidad. Pero sí entendemos y apostamos por el patriotismo de las pequeñas naciones que desean autogobernarse", "nosotros pensamos en la legitimidad de que los pueblos pequeños ansíen autogobernarse".

Pero lo que me parece más innovador de este texto es su dura crítica a "los intelectuales mundialistas, enemigos de las fronteras y de las banderas". Para Sastre el internacionalismo es una "noción que postula y desea y defiende la existencia y la variedad de las naciones (Internacionalismo, no anacionalidad)". No voy a afirmar yo, en lo que pretende ser sólo una reseña, que estoy de acuerdo con Alfonso Sastre –tampoco lo contrario–, pero sí que es recomendable –saludable incluso– leer sus planteamientos y análisis. Sobretodo, porque vienen de alguien a quien considero acreedor de todo mi reconocimiento ético y admiración rebelde. Como en tantas otras cuestiones, sólo desde la credibilidad que aportan las trayectorias personales adquieren valor las afirmaciones y las teorizaciones. Además, en los momentos en que vivimos de uniformidad del pensamiento, y no digamos de la letra escrita, propuestas tan irreverentes como las de Sastre son necesarias para conseguir la reflexión, algo más valioso y difícil de lograr que el aplauso.

Marca Sastre muy bien las distancias entre "nacionalismos y nacionalismos", apunta las "enfermedades del patriotismo": chovinismo, fascismo e imperialismo. Y no deja ninguna duda de las bases del "intelectual de izquierdas": "la desobediencia civil hasta el grado de la sedición", "la utopía revolucionaria, libertaria y socialista" y la búsqueda de la sociedad sin clases.

En conclusión, poco más de setenta páginas en pequeño formato para provocar la reflexión y la inquietud. ¿Acaso no es esa la primera obligación del intelectual?

Carta a Alfonso Sastre y a Pascual Serrano
Octavio Rodríguez Araujo

Compañeros Sastre y Serrano: Permítanme introducirme en su intercambio sobre los intelectuales, sus posiciones y los medios. Pienso que ambos tienen razón: ciertamente muchos intelectuales son silenciados en los grandes medios, no en todos; y también es cierto que muchos han cambiado de bando. En mi país, México, he visto desfilar, en los últimos cuarenta años, a no pocos intelectuales de la izquierda a la derecha, de la oposición al sistema e incluso al gobierno. Antes de lo que yo pudiera ver ocurrió lo mismo, incluso entre gente que apoyó a Emiliano Zapata en los primeros años del siglo pasado (esto lo sé por libros de historia).

No es raro que el Poder coopte intelectuales, pues siempre los ha habido con ganas de ser cooptados. Parece ser un problema de precios y de "reconocimientos" que otorga el Poder y de los que han estado y están ávidos muchos intelectuales. De la vieja izquierda quedamos pocos, y no precisamente porque muchos hayan fallecido. Pero también hay nuevas izquierdas, jóvenes que van por un camino similar al que iniciamos otros hace muchos años. Y, vale decir, a estos jóvenes se les cierran más espacios que a nosotros, pues les (nos) ocurre lo mismo que con el empleo: nosotros tuvimos mejores probabilidades que ellos de tener empleo. Ellos tienen un futuro más aleatorio que nosotros, pero hacen su lucha y participan en las luchas. Yo puedo escribir en *La Jornada*, en *Rebelión.org*, en *Resistir.info* y en otros periódicos cibernéticos también muy importantes. Ellos no, entre otras cosas porque todavía no son conocidos. En definitiva, a ellos, a los jóvenes, les costará más trabajo hacerse oír, hacerse leer. Pero existen, también, aunque seamos menos –insisto–, los que siendo de antiguas generaciones mantenemos posiciones de izquierda. Los que cambiaron le llaman realismo, madurez, ecuanimidad, etcétera. Son sus justificaciones para decir que "luchan dentro del sistema" para cambiarlo. Es el pretexto de siempre. Quedar bien con todos... y con nadie, finalmente; o con muy pocos: los que les pagan.

Sí, hay que abrir espacios para nosotros y para los que vienen detrás. Pero también multipliquémonos, porque somos menos. Esta es mi sensación (pues no puedo cuantificar el fenómeno) de lo que sucede en México, y pienso que en otros lugares. Sabemos que la razón y la historia están de nuestro lado, pero no tenemos suficientes medios para decir lo que pensamos. Cierto, pero ¿no ha sido así siempre? Yo no recuerdo que la izquierda tuviera espacios en la televisión mexicana, y antes de esta en la radio. Siempre hemos contado, en cambio, con medios escritos, a veces marginales, a veces no. Y alguien nos lee. Y ahora con Internet, más. La cosa no está perdida. Soy optimista. Reciban un saludo cordial.

30 de julio de 2004

La cobardía de los intelectuales
Carlo Frabetti

En su reciente "Carta a Alfonso Sastre" (*Rebelión*, 13/7/04), sostiene Pascual Serrano que la actual falta de compromiso y la deriva reaccionaria de muchos intelectuales es, en buena medida, una ilusión creada por los grandes medios de comunicación, que no dejan hablar a los disidentes y promocionan a los defensores del sistema. No es que no haya intelectuales comprometidos, sino que el Poder los reduce al silencio, viene a decir el autor de la carta, por lo que la solución está en la creación y consolidación de medios alternativos capaces de difundir sus voces de protesta.

Creo que el tratamiento propuesto por Serrano para curar nuestra cultura enferma es acertado, pero no su diagnóstico. Por supuesto que hay que promover la creación de medios libres y comunitarios, y estoy plenamente de acuerdo en que esa es la gran batalla (la de quienes no nos atrevemos a empuñar un fusil, quiero decir: la verdadera gran batalla, la madre de todas las batallas, es la que están librando los iraquíes y los palestinos). Pero al decir que los intelectuales callan porque no les dejan hablar, Pascual Serrano es demasiado indulgente con el gremio. En realidad, y aunque sigue siendo muy difícil, hablar es hoy más fácil que antes. Nunca los grandes medios de comunicación han sido tan poderosos, es cierto; pero nunca ha habido tantos y tan eficaces medios alternativos, y las contradicciones internas de las seudodemocracias occidentales abren sin cesar nuevas fisuras en los aparatos de dominación, fisuras que quienes se atreven a ello pueden aprovechar eficazmente. Sólo así se explican fenómenos como la protesta de los *Goya* del año pasado (cuyo epicentro, por cierto, fue una carta de Alfonso Sastre invitando a la gente de teatro a decir no a la guerra desde los escenarios) o la "metamanifestación" del 13 de marzo que le dio la puntilla al Partido Popular.

Ojalá hubiera muchos intelectuales comprometidos dispuestos a hablar en cuanto les brindaran la ocasión. Pero me temo que, por desgracia, el análisis que lleva a cabo Sastre en *La batalla de los intelectuales* (el libro que ha motivado la carta de Serrano) es certero: la mayoría de los "creadores de opinión" se vende al Poder, y los que no se venden abiertamente, intentan nadar y guardar la ropa (aunque para ello tengan que quedarse chapoteando en la orilla). Con excepciones honrosísimas, huelga señalarlo, de las que el propio Sastre es el mejor ejemplo.

Insisto: Pascual Serrano, en su por otra parte excelente artículo, es demasiado benévolo con un gremio que, en estos momentos, merece las críticas más duras. Tan benévolo que en un momento dado alude, como de pasada, a un intelectual "en absoluto radical pero honesto". Sin entrar a valorar el caso concreto al que se refiere dicho comentario, me parece importante señalar que la mera expresión "intelectual en absoluto radical pero honesto", a no ser que bajemos mucho el listón de la intelectualidad (y/o el de la honradez), es una contradicción *in terminis*, una incompatibilidad ternaria tan flagrante como "bueno, inteligente y de derechas". Se puede ser honesto y "en absoluto radical" si se carece de la información y la capacidad de análisis necesarias para comprender la gravísima situación sociopolítica que nos ha tocado vivir. Pero un intelectual –una persona que ha hecho de la cultura y la comunicación su oficio– no puede ignorar lo que pasa ni refugiarse en la cómoda posición de observador distante y crítico moderado. La función del intelectual, su responsabilidad inexcusable, es defender la verdad, es decir, denunciar las mentiras y los abusos del Poder; lo cual, hoy más que nunca, le exige ser "radical" en el más pleno y literal sentido del término, puesto que lo que está podrido son las raíces mismas del sistema. Tal vez el discutible concepto de "tonto útil" sea ampliable a otras categorías y haya también "cobardes útiles", pero, en circunstancias como las actuales, quienes quieren nadar y guardar la ropa (es decir, criticar al Poder sin renunciar a sus dádivas ni exponerse a sus represalias) merecen más desprecio que indulgencia.

Es cierto que el Poder intenta por todos los medios (nunca mejor dicho) silenciar a los disidentes; pero no es menos cierto que muchos intelectuales se dejan silenciar con sorprendente facilidad. Cuando, en junio de 2003, los paniaguados de PRISA firmaron una infame "Carta abierta contra la represión en Cuba" directamente dictada por la CIA, desde la Alianza de Intelectuales Antiimperialistas vimos la necesidad perentoria de contestar pública y colectivamente. La réplica era inexcusable, pues el cerdito orwelliano que controla los medios quería (y casi lo consiguió) hacernos creer que la *intelligentsia* ibérica en pleno estaba contra la Revolución Cubana. Y la recogida de firmas para nuestro comunicado ("Con Cuba, contra el Imperio") fue reveladora. Varios intelectuales y artistas supuestamente de izquierdas se negaron a firmar y alegaron sin ningún pudor que, aunque estaban de acuerdo con nuestra réplica, en caso de suscribirla no podrían seguir escribiendo en *El País*, o no pasarían sus películas por *Canal Plus*, o no publicarían sus novelas en *Alfaguara*... No nos engañemos: la mayoría de los intelectuales que callan no lo hacen para salvar sus vidas o el pan de sus hijos, sino, como dijo Dalton Trumbo de quienes durante el macartismo traicionaron a sus compañeros, para salvar sus piscinas. Y se ahogarán en ellas.

LOS INTELECTUALES Y LA APATÍA
SANTIAGO ALBA RICO

¿Por qué un "libro" está revestido a nuestros ojos de más autoridad que un manuscrito? ¿Por qué sucumbimos al prestigio de un "automóvil" y despreciamos en cambio nuestras piernas? Porque el libro y el automóvil, con independencia de lo que transporten, concentran —por así decirlo— *más mundo* (más dinero, más medios de producción, más energía); porque el libro y el automóvil han sido *aprobados* por el capital invertido en estos, por las máquinas que los han objetivado, por decenas de decisiones en cadena y múltiples y minúsculos actos de voluntad e incluso —se diría— por los propios trabajadores de la imprenta o de la fábrica de la Fiat, porque el libro y el automóvil, en suma, tienen relación —y su existencia misma es esa relación— con *más personas* y *más medios* que el manuscrito, que es obra sólo mía, o que las piernas, con las que sólo puedo correr yo. Las cosas útiles, buenas, bonitas, son las que están asentadas en una porción mayor de mundo. En este sentido, la autoridad de la mercancía que Marx llama "fetichismo" procede, sin duda, de su carácter social, pero no es engañosa por esto; el problema es que el libro y el automóvil *parece como si* hubiesen sido aprobados por los trabajadores de la imprenta o los obreros de la Fiat cuando en realidad estos les han transmitido su "autoridad" a la fuerza, sin voluntad ni satisfacción. Por eso, lo sabemos, allí donde el "mundo" ha sido confiscado por intereses particulares, los libros muchas veces son inútiles y los automóviles peligrosos.

Eso es lo que pasa con los así llamados "intelectuales". Los intelectuales son —somos— medios de transporte; su posición en el mundo no está determinada por una concentración favorable de inteligencia individual sino por una concentración privilegiada de poder objetivo. Antes de decir nada e independientemente de cómo lo digan, una combinación particular de capital económico y simbólico —por decirlo con Bourdieu— los sitúa en el mismo plano que a todos aquellos que tienen *más* información y *más* medios para utilizarla: políticos, empresarios, financieros, expertos, científicos, asesores del gobierno, grandes mafiosos, periodistas. En términos de autoridad recibida, apenas se distinguen de ellos. Pero se distinguen, naturalmente, de ellos. Hay al menos cuatro formas de utilizar el crédito de la información: se puede hacer de esta un uso privado y en favor de intereses particulares, como los empresarios, los financieros o los ladrones de guante blanco; se puede hacer un uso privado, dentro de un circuito de especialistas, en favor del interés público, como hacen los científicos y los poetas; se puede hacer un uso público en favor de intereses privados, como los gobernantes y los políticos, y se puede, finalmente, hacer un uso público en favor del interés público. Es esto lo que define, al menos idealmente, a los intelectuales y los define por tanto, contra o extramuros de los otros tres grupos, con los que jamás puede confundirse. El intelectual utiliza la autoridad recibida contra la fuente misma de esa autoridad, insobornablemente al margen de toda sujeción económica o política: ni se pliega a los poderosos ni —más decisivo— *se dirige a ellos.* Es, sí, un medio de transporte, pero un medio de transporte colectivo de periferia, un autobús público que sólo hace líneas irregulares, apartadas, incómodas, o una ambulancia de inteligencias voluntarias que va recogiendo a las víctimas de la injusticia y la opresión allí donde se producen.

Durante ochenta años, entre Zola y Sartre, así se ha definido al intelectual: como un poder insurgente en el espacio público que prestaba su voz a los que estaban fuera de él. Hoy ya no. Como modesto agitador y aún más modesto escritor (y como miembro, por ejemplo, de la Alianza de Intelectuales Antiimperialistas) me resigno a un título –tan desdichadamente erosionado como el de "periodista" o "político"– que me gustaría suprimir o redefinir por completo. Ya no hay intelectuales y habrá que buscar otro nombre para el coraje, la honestidad, la independencia, la moral, la defensa de los valores democráticos, la voluntad de cambiar el mundo; o dejar el término "intelectual" para designar sólo la cobardía, la sumisión, la ambición mundana, la inteligencia a sueldo, el corporativismo, la carantoña al poder, el desprecio del otro.

En octubre del año 2002, *Le Monde diplomatique* publicaba un artículo de título "Los nuevos reaccionarios", firmado por Maurice T. Maschino, que comenzaba así: "Situados antaño en primera línea para defender con coraje, contra los poderes y la opinión pública, causas desesperadas (asunto Callas, asunto Dreyfus, independencia de Argelia, paz en Vietnam, etc.), muchos de los intelectuales franceses –de Alain Finkielkraut a Jacques Julliard, de Philip Sollers a André Glucksmann, de Luc Ferry a Pascal Bruckner y tantos otros parecen alinearse hoy con las tesis dominantes más retrógradas y conservadoras". Al mismo tiempo, un libro de Daniel Lindenberg, *Llamada al orden*, denunciaba la "deriva reaccionaria" de la intelectualidad francesa, y suscitaba una polémica violenta entre las víctimas del libelo y sus sostenedores. En el Estado español, modesta mónada de la Unión Europea, las cosas no son muy distintas, salvo porque aquí ni siquiera hay ajustes de cuentas entre "familias intelectuales". Encerrados en un círculo encantado donde repiten y multiplican sus voces entre dos paredes, como en una parodia en *cinemascope* de los grupúsculos fanáticos de la militancia marginal de los que se burlan, ninguna acusación les sacude y ninguna interpelación les conmueve. Aparte de los *proletrarios* (obreros de las letras) que participan en este debate, ninguno ha tenido nada que decir, por ejemplo, al libro de Alfonso Sastre, *Los intelectuales y la utopía*, una de las poquísimas voces que sigue utilizando su "autoridad" para socavar los aparatos de confiscación del mundo y llevar en ambulancia un poco de inteligencia a la periferia del mercado.

En todo caso, ni Lindenberg ni Maschino plantean bien la cuestión. La "claudicación de los intelectuales europeos" de la que habla Chomsky con aspereza no tiene que ver con la venalidad o el vicio particulares sino, más bien, con la corrupción del "espacio público" al que la figura del intelectual debe su existencia. Creo que sólo contra el horizonte de esta corrupción ambiental se puede dar la razón, al mismo tiempo, a Sastre y a Pascual Serrano en sus argumentos respectivos. El "espacio público" ha estado siempre atravesado por relaciones de fuerza y líneas de tensión, resultado de la resistencia ejercida *desde dentro* contra las amenazas del monopolio cultural. Hasta la década de los años ochenta, el intelectual europeo recibía su poder en el interior de un espacio público desigual, plural, abierto, en el sentido más antagonístico o agonístico del término. Era un espacio agujereado, lleno de plazas enfrentadas y no, como ahora, una sola plaza llena de mercancías alegres y abigarradas. Allí la voz del intelectual se oía no sólo porque tuviese garganta (y entrañas y sentido de la responsabilidad) sino porque tenía también *medios* para hacerse oír. Tenía un *mundo* bajo los pies. Robustos movimientos y partidos de izquierda alimentaban, a veces a su pesar, un pensamiento independiente; la Unión Soviética, que se pudría por dentro, contrapesaba en el exterior el modelo "occidental"; en España el antifranquismo vehiculizaba un proyecto internacionalista. Incluso el capitalismo, hasta aquella misma década, estaba interesado en explotar comercialmente la resistencia. La cultura era un campo de batalla, como bien lo demuestra el hecho de que la CIA —según las revelaciones del libro excelente de Frances Stonor

Saunders– invirtiese millones de dólares en una "guerra fría cultural" cuyo éxito dependía de que los intelectuales siguiesen *pareciendo* intelectuales; es decir, voluntarios de la inteligencia, partisanos de la independencia, voceros de la justicia y el inconformismo. Hasta hace treinta años, el "intelectual" estaba dentro de un espacio público agonístico; hoy está fuera de un espacio público monopolístico. Esa es la gran tragedia política del nuevo milenio: en nuestros días, la honestidad, la independencia, la moral, sólo están *fuera*. Ni siquiera hace falta ya la CIA para expulsarlas. El "espacio público" ha sido secuestrado por el mercado, cuya dimensión espiritual, en el marco de los bienes intangibles, es el espectáculo. En este, el carácter social de la "autoridad" de los intelectuales deviene puro "fetichismo". El posmodernismo, como ideología dominante de las relaciones de mercado, ha querido "liberar" la cultura de la política sin devolverla al monasterio (a los "cenáculos de alta espiritualidad" de Benda), aquilatando así la figura de este nuevo intelectual inscrito en un espacio público que no es ya el de la política sino el del comercio. El periódico, el libro, la televisión son sobre todo juguetes; la cultura un parque temático protegido por murallas chinas y misiles balísticos. Allí dentro, la sumisión del "intelectual" es tan completamente *independiente* de toda constricción externa, se ciñe tan ajustadamente a su voluntad subjetiva de bienestar, que puede creerse "solo" y audaz cuando dice lo mismo que repite todo el mundo y cuando lo dice, además, con un ejército –de medios, de subvenciones y de soldados– cubriéndole las espaldas. Allí dentro, el "intelectual" tiene que proteger su autoridad y su prestigio en dura disputa, por arriba, con expertos, secretarios de Estado, dirigentes políticos, grandes empresarios, generales de la guardia civil, y –por abajo– con presentadores, imitadores, cantantes, famosos de la *jet*, actores y tertulianos. La autoridad y el prestigio están, aquí dentro, condicionados a la permanencia en el horizonte riquísimo del encefalograma plano, del mantel ideológico pintado con rayas de colores, donde el intelectual, por tanto, no se distingue del general de la guardia civil ni del humorista saburroso, salvo porque dice lo mismo vestido de otra forma y utilizando otros adjetivos. El "intelectual" tendría que renunciar a la autoridad y al prestigio para distinguirse de ellos, y para eso hace falta —como recordaba Brecht en los años treinta— mucho valor. Pero, por eso mismo, no hay ya intelectuales. Fuera del espacio público, por definición, no puede haber intelectuales; dentro ya no los hay porque el espacio público se ha convertido en un espacio cerrado de dependencia estructural. No podemos medir, quizá, todas las consecuencias temibles de este cambio. Fuera del espacio público, la honestidad, la independencia, la moral son inútiles; fuera del espacio público, la inteligencia se vuelve destructiva. El hombre bueno que ve reducido su salario, semidesnudo a su hijo, desahuciada a su mujer, y agota todas sus energías en buscar algunas migajas para acabar la jornada, seguirá siendo bueno —y aceptando los decretos del gobierno, por muy injustos que sean— porque aún puede fumarse un cigarrillo jugando al mus en un café. La inteligencia que ve reducido su campo de aplicación, rechazados sus productos, ignorada su palabra, y busca sin encontrarla una rendija para acceder al mundo compartido e influir en él; la inteligencia voluntaria que no puede ser "intelectual" (es decir, pública) acaba casi inevitablemente por dar la razón al gobierno, que la trata ya como "criminal" o "terrorista".

En uno de los momentos más angustiosos de la historia reciente, mientras la democracia retrocede en todos los rincones del planeta, los poderosos protegen con bombas de racimo sus mercados y los débiles son aplastados sin mucho desgaste de retórica, no podemos contar con los "intelectuales" del interior; no podemos contar con los "intelectuales". El "intelectual" nació con el "Yo acuso" de Zola y ha muerto con el "Yo consiento" de Savater, Juaristi, Albiac y compañía (la legión francesa o los mosquitos anticubanos). El recinto del espectáculo está marcado por balizas políticas infranqueables, siempre decididas de antemano por el acuerdo espontáneo de gobiernos apócrifos y medios de comunicación propiedad de grandes grupos económicos. Defensores de la OTAN, jaleadores de bombardeos, sostenedores de los crímenes de Israel, mudos ante los atropellos contra el Derecho, los "intelectuales" no se distinguen en nada ya de los gobernantes, los financieros, los asesores, los empresarios, los generales y los mafiosos. Periodistas de oro que manosean la democracia mientras piden la intervención del fiscal general del Estado contra un periódico; ex *abertzales* convertidos al sionismo que encabezan manifestaciones a favor de Sharon y los fusilamientos de niños; ex comunistas althusserianos que piden a gritos más bombas sobre Afganistán e Iraq y reclaman el voto para el Partido Popular so pretexto de que "todo es nada" y la revolución "imposible"; brillantes ex anarquistas volteados a los que no les importa cuántos principios haya que violar con tal de acabar con el "demonio" y que –tan laicos como liberales– terminan por "coranizar" contra él la Constitución española (sin entender que eso es precisamente "inconstitucional") mientras arremeten contra Venezuela o contra Cuba. En Francia el límite insuperable es Israel; en España la "cuestión vasca"; en todas partes, el socialismo cubano y su larguísima y heroica guerra de liberación nacional. Entre nosotros (en la Euskal Herria desde la que escribe Sastre) el sentido común no es sólo penalizado con el silencio, el desprecio y las represalias públicas; a veces también con la cárcel. Los "intelectuales" ayudan a poner la mordaza y las esposas. Si el subcomandante Marcos nos recordaba hace no mucho, desde su rincón internacionalista de Chiapas, el camino de la sensatez –una oportunidad a la palabra–, su propuesta ni siquiera fue noticia para los que tienen el poder –y el deber imperativo– de la información en el Estado. Esa es la lógica en la "guerra mundial contra el terrorismo": los que *sólo* quieran hablar, esos serán los silenciados.

Quizá tengan razón, quizás hay que defender la espontaneidad del mercado con bombas y dictaduras; quizás hay que atacar Iraq y aceptar, al mismo tiempo, la muerte de miles de personas y la aniquilación del Derecho Internacional; quizás hay que sacrificar a los palestinos y devolver el poder a los ricos en Venezuela; quizás hay que aplaudir a Putin y castigar a Castro; quizás hay que ayudar a ETA a provocar una guerra civil en el País Vasco y preferir la tortura y la prevaricación a la democracia y el diálogo. No digo que no. Pero digo que los que así hacen ya no pueden ser llamados "intelectuales", salvo por la misma razón por la que el Vaticano obliga a los cristianos a llamar "santos" por igual a Francisco de Asís y a Escribá de Balaguer. Llamémosles de otra forma: llamémosles "piruetistas" o "chisporretas" o "catarrinales" o cualquier otro fonema que, según el principio de la arbitrariedad saussuriana, acabe por evocar en nosotros, a fuerza de roce, la relación entre la inteligencia, el servilismo y la vanidad. En el Estado español podemos llamarlos "españales" o "intelectuñoles", términos que contienen una red muy rica de asociaciones, entre la dependencia infantil y el patriotismo benemérito.

"Todos somos responsables" se utiliza habitualmente para amortiguar u ocultar la responsabilidad de los gobernantes y de los sigilosos vendavales que ellos encubren: "todos somos responsables de la contaminación", "todos somos responsables del hambre", "todos somos responsables de la pobreza". Es muy importante, me parece, recuperar el concepto de "responsabilidad" en un mundo en el que, por encima del cuchillo y la goma, países enteros se hunden, con sus niños, sus casas y sus riquezas, en el silencio impersonal de la naturaleza. "Todos somos responsables" es una afirmación cierta y valiosa, a condición de añadir inmediatamente: no todos en el mismo grado ni de la misma manera. Los que tienen *más* información y *más* medios (es decir, más poder), los políticos, los gobernantes, los empresarios, los financieros, los expertos, los mafiosos, tienen mucha más responsabilidad en general que los indígenas de Guatemala o incluso que los "indígenas" de Vallecas. Particularmente responsables son también, como nos recuerda Chomsky una y otra vez, los intelectuales claudicantes que han traicionado su compromiso con la verdad y la justicia –y con los propios "indígenas" europeos desprovistos de voz– porque no tienen el valor suficiente para renunciar a una autoridad fetichista y fraudulenta y a un prestigio tan contaminante como el chapapote que todavía hoy embadurna las costas de Galicia.

OTRAS PUBLICACIONES DE CLACSO

- NÓMADAS N° 22
  Medio Ambiente: Historia y Política

- NEW LEFT REVIEW N° 30
  [Edición en español]

- DÁVALOS
  Pueblos indígenas, estado y democracia

- ESTAY Y SÁNCHEZ
  El ALCA y sus peligros para América Latina

- DE SOUSA SANTOS
  Reinventar la democracia. Reinventar el estado

- ESTAY REYNO
  La economía mundial y América Latina
  Tendencias, problemas y desafíos

- SOCIALIST REGISTER 2004
  El nuevo desafío imperial

- SCHUSTER
  Explicación y Predicción
  La validez del conocimiento en ciencias sociales.

- OSAL N° 15
  Revista del Programa del Observatorio Social
  de América Latina de CLACSO

- PIÑEIRO
  En busca de la Identidad
  La Acción Colectiva en los conflictos
  agrarios de América Latina

- GIARRACCA Y LEVY
  Ruralidades latinoamericanas
  Identidades y luchas sociales

- FERNÁNDEZ RETAMAR
  Todo Caliban

- TOUSSAINT
  La bolsa o la vida
  Las finanzas contra los pueblos

- GOLBERT
  ¿Hay opciones en el campo de las políticas sociales?
  El caso del Gobierno de la Ciudad
  Autónoma de Buenos Aires

- GRIMSON
  La cultura en las crisis latinoamericanas

- BABINI Y FRAGA
  Bibliotecas Virtuales para las Ciencias Sociales

- BORON
  Nueva Hegemonía Mundial
  Alternativas de cambio y movimientos sociales

- CECEÑA
  Hegemonías y emancipaciones en el siglo XXI

- SADER
  La Venganza de la Historia
  Hegemonía y contra-hegemonía en la construcción
  de un nuevo mundo posible

- BORON, GAMBINA Y MINSBURG
  Tiempos violentos
  Neoliberalismo, globalización y desigualdad
  en América Latina [reimpresión]

- GÓMEZ
  América Latina y el (des)orden global neoliberal
  Hegemonía, contrahegemonía, perspectivas

- CHIAPAS N° 16
  [Edición Argentina]

- TORRES RIBEIRO
  El rostro urbano de América Latina

- GUERRERO CAZAR Y OSPINA PERALTA
  El poder de la comunidad
  Ajuste estructural y movimiento indígena
  en los Andes ecuatorianos

- RIQUELME
  Los sin tierra en Paraguay
  Conflictos agrarios y movimiento campesino

- SEOANE
  Movimientos sociales y conflicto en América Latina

- DE BARBIERI
  Género en el trabajo parlamentario
  La legislatura mexicana a fines del siglo XX

- DE LA GARZA TOLEDO Y SALAS
  Nafta y Mercosur
  Procesos de apertura económica y trabajo

- BORON
  Estado, capitalismo y democracia en América Latina

- SADER Y GENTILI
  La trama del neoliberalismo
  Mercado, crisis y exclusión social [reedición]

- BORON
  Filosofía política contemporánea
  Controversias sobre civilización, imperio y ciudadanía

- ALABARCES
  Futbologías
  Fútbol, identidad y violencia en América Latina

- AYERBE
  O Ocidente e o "Resto"
  A América Latina e o Caribe na cultura do Império

- MOLLIS
  Las universidades en América Latina:
  ¿reformadas o alteradas?
  La cosmética del poder financiero

- GADOTTI, GÓMEZ Y FREIRE
  Lecciones de Paulo Freire
  Cruzando fronteras: experiencias que se completan

- BRICEÑO-LEÓN
  Violencia, sociedad y justicia en América Latina

- LEVY
  Crisis y conflicto en el capitalismo
  latinoamericano: lecturas políticas

- SCHORR, CASTELLANI, DUARTE Y DEBROTT SÁNCHEZ
  Más allá del pensamiento único
  Hacia una renovación de las ideas económicas
  en América Latina y el Caribe

- SINGER
  Izquierda y derecha en el electorado brasileño:
  la identificación ideológica en las disputas
  presidenciales de 1989 y 1994

- LÓPEZ MAYA
  Protesta y cultura en Venezuela:
  los marcos de acción colectiva en 1999

- MATO
  Estudios y otras prácticas intelectuales
  latinoamericanas en cultura y poder

- BORON
  Imperio & Imperialismo
  Una lectura crítica
  de Michael Hardt y Antonio Negri

- BORON Y DE VITA
  Teoría y filosofía política
  La recuperación de los clásicos
  en el debate latinoamericano

- ALIMONDA
  Ecología política
  Naturaleza, sociedad y utopía

- GAMBINA
  La globalización económico-financiera
  Su impacto en América Latina

- CECEÑA Y SADER
  La guerra infinita
  Hegemonía y terror mundial

- IVO
  Metamorfoses da questão democrática
  Governabilidade e pobreza

- DE LA GARZA TOLEDO Y NEFFA
  El futuro del trabajo
  El trabajo del futuro

- DE LA GARZA TOLEDO
  Los sindicatos frente a los procesos
  de transición política

- BARRIG
  El mundo al revés: imágenes de la mujer indígena

- TORRES
  Paulo Freire y la agenda de la educación
  latinoamericana en el siglo XXI

- LANZARO
  Tipos de presidencialismo y coaliciones políticas en América Latina

- MATO
  Estudios latinoamericanos sobre cultura
  y transformaciones sociales
  en tiempos de globalización 2

- MATO
  Estudios latinoamericanos sobre cultura
  y transformaciones sociales
  en tiempos de globalización

- DE SIERRA
  Los rostros del Mercosur
  El difícil camino de lo comercial a lo societal

- SEOANE Y TADDEI
  Resistencias mundiales
  De Seattle a Porto Alegre

- SADER
  El ajuste estructural en América Latina
  Costos sociales y alternativas

- ZICCARDI
  Pobreza, desigualdad social y ciudadanía
  Los límites de las políticas sociales
  en América Latina

- MIDAGLIA
  Alternativas de protección a la infancia carenciada
  La peculiar convivencia de lo público
  y privado en el Uruguay

- GIARRACCA
  ¿Una nueva ruralidad en América Latina?

- BORON
  Teoría y filosofía política
  La tradición clásica y las nuevas fronteras

- BORON
  Tras el búho de Minerva
  Mercado contra democracia
  en el capitalismo de fin de siglo

- BALARDINI
  La participación social y política
  de los jóvenes en el horizonte del nuevo siglo

- BORON
  La filosofía política clásica
  De la antigüedad al renacimiento

- BORON
  La filosofía política moderna
  De Hobbes a Marx

- VÁRNAGY
  Fortuna y virtud en la república democrática
  Ensayos sobre Maquiavelo

- TORRES RIBEIRO
  Repensando la experiencia urbana
  en América Latina: cuestiones,
  conceptos y valores

- GENTILI Y FRIGOTTO
  La ciudadanía negada
  Políticas de exclusión en la educación y el trabajo

- DE LA GARZA TOLEDO
  Reestructuración productiva, mercado de trabajo
  y sindicatos en América Latina

- ALABARCES
  Peligro de gol
  Estudios sobre deporte y sociedad
  en América Latina

- LANDER
  La colonialidad del saber:
  eurocentrismo y ciencias sociales
  Perspectivas latinoamericanas

- STRASSER
  Democracia & desigualdad
  Sobre la "democracia real" a fines del siglo XX

Este libro se terminó de imprimir en el
taller de Gráficas y Servicios SRL
Santa María del Buen Aire 347
en el mes de mayo de 2005
Primera impresión, 2.000 ejemplares

Impreso en Argentina